四川师范大学学术著作出版基金资助

校级课题名称：土地利用规划学实验教材

项目编号：20210492XJC

土地利用规划学 实验

唐杰 著

中国科学技术出版社

·北 京·

图书在版编目（CIP）数据

土地利用规划学实验 / 唐杰著 . -- 北京 : 中国科
学技术出版社 , 2025. 6. -- ISBN 978-7-5236-1462-4

Ⅰ . F301.2-33

中国国家版本馆 CIP 数据核字第 2025TJ3581 号

策划编辑	李　洁
责任编辑	齐　放
封面设计	红杉林文化
正文设计	中文天地
责任校对	吕传新
责任印制	李晓霖

出　　版	中国科学技术出版社
发　　行	中国科学技术出版社有限公司
地　　址	北京市海淀区中关村南大街 16 号
邮　　编	100081
发行电话	010-62173865
传　　真	010-62173081
网　　址	http: //www.cspbooks.com.cn

开　　本	710mm×1000mm　1/16
字　　数	93 千字
印　　张	5.5
版　　次	2025 年 6 月第 1 版
印　　次	2025 年 6 月第 1 次印刷
印　　刷	河北鑫玉鸿程印刷有限公司
书　　号	ISBN 978-7-5236-1462　4
定　　价	88.00 元

前　言

　　土地利用规划作为科学管理和高效配置国土空间资源的核心手段，是保障国家粮食安全、生态安全和经济社会可持续发展的基础性、战略性工作。《土地利用规划学实验》正是在这一背景下应运而生，它是一本系统构建于土地利用规划学科理论之上，专注于实验实践教学的特色教材。本书是以王万茂主编的《土地利用规划学》（第九版）为基础，精选了围绕空间数据转换与规划底图编绘、人口预测技术应用、土地利用现状深度分析、土地规划实施效果评价、土地供给潜力评估与需求预测、交通流量影响分析以及县级尺度土地利用综合分区等核心主题，设计了一套目标明确、内容翔实、循序渐进的综合性实验体系。

　　书中每个实验均采用严谨的结构设计，系统介绍实验目的、实验准备、实验内容、实验方法、实验过程，引导分析实验结果以深化理解，并鼓励总结实验心得促进反思与内化。这种全流程、模块化的设计，旨在着力培养学生掌握土地利用规划编制中常用的数学模型及其应用场景，并熟练运用土地利用规划软件工具进行空间数据的采集、处理、统计、分析与可视化表达，有效弥合了理论学习与行业实践之间的鸿沟。

　　作为一本面向土地资源管理、城乡规划、地理信息科学、资源环境科学及相关专业本科生与研究生的实验教材，本书通过一系列紧密衔接土地利用规划全链条核心流程的实验操作，致力于系统性地锻炼学生在土地规划领域的实战技能和综合决策能力。同时，本书所蕴含的标准化操作流程、规范化的分析方法和实践性的解决思路，对于各级自然资源（国土资源）管理部门在开展国土空间规划编制、实施监测、用途管制、资源评价等具体业务工作也具有重要的参考价值和实践指导意义，同样可作为相关专业技能培训与继续教育的高质量教材使用，为培养新时代复合型土地规划人才贡献力量。

目录
CONTENTS

01

实验一
空间数据的转换和规划底图编绘

一、实验目的

（1）掌握空间数据转换的基本方法，包括数据结构转换（如矢量化、栅格化）和数据格式转换（如 CAD 数据的转换、栅格数据与 ASCII 文件之间的转换）。

（2）学会使用 GIS 软件（如 ArcGIS）进行空间数据的处理和编辑。

（3）掌握规划底图编绘的基本步骤和方法，能够根据实际需求编制出符合要求的规划底图。

二、实验准备

（1）查询国家关于土地利用规划的相关文件要求。

（2）准备好实验数据。

（3）安装好 PS、ArcGIS 等其他专业绘图软件。

三、实验内容

（1）空间数据转换：将不同格式的空间数据进行转换，如将 CAD 数据转换为 Shapefile 格式，或将栅格数据转换为矢量数据等。

（2）规划底图编绘：根据实验提供的数据，使用 ArcGIS、PS 软件进行规划底图的编制，包括资料收集、数据预处理、底图编绘、图例制作等步骤。

四、实验方法

1. 矢量数据转栅格数据（栅格化）

（1）点的栅格化：将点的矢量坐标（x，y）换算为栅格的行号和列号。

（2）线的栅格化：将线理解成顺序连接一系列坐标点所构成的折线段，先采用点栅格化的方法将线段的两个端点转换为栅格化的形式，再利用扫描线算法对线段位于两个端点之间的部分进行栅格化处理。

（3）面的栅格化：在矢量表示的多边形边界内部的所有栅格点上赋予相应的多边形编码，包括内点填充法、边界代数法、包含检验法。

2. 栅格数据转矢量数据（矢量化）

（1）基于图像数据的矢量化方式：二值化处理，即根据栅格数据设定阈值，将灰度级别压缩为两个，生成二值图像；细化处理，即消除线条横断面栅格数的差异，确保每条线仅保留代表其轴线或轮廓的单栅格宽度；跟踪处理，即将细化后的栅格数据转换为由节点出发的线段或闭合线条，并以矢量的形式存储坐标。

（2）基于栅格数据的矢量化方式：确定多边形边界弧段相交处的节点位置，将其作为跟踪起始点，沿属性值不同的栅格单元边界跟踪多边形边界弧段，直至到达下一个节点，将跟踪得到的弧段数据连接并整合成多边形。

五、实验过程

1. 导入点数据

（1）准备好 Excel 格式的点数据。

（2）打开 ArcGIS，添加需要转换的点数据。

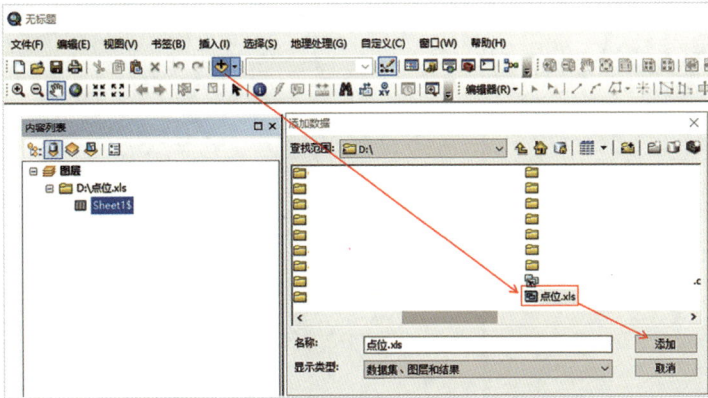

（3）点击并打开"显示 XY 数据"窗口，X 和 Y 字段分别添加 X 轴和 Y 轴的坐标数据。然后点击"编辑"，输入坐标系，点击确定，在 ArcGIS 中得到点的数据，如下图中的"Sheet1$ 个事件"。

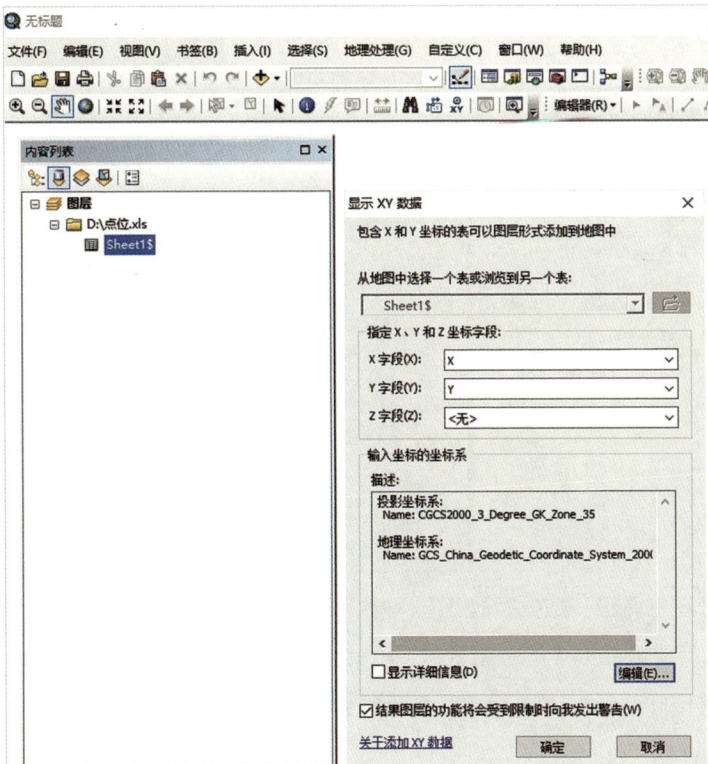

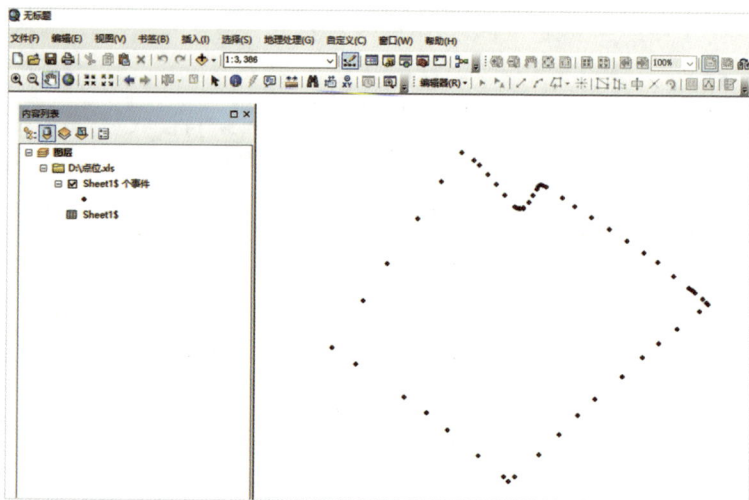

2. 点转线

（1）将得到的点数据导出，导出格式为 Shapefile，从而得到点的矢量数据，如图中的"Export_Output"。

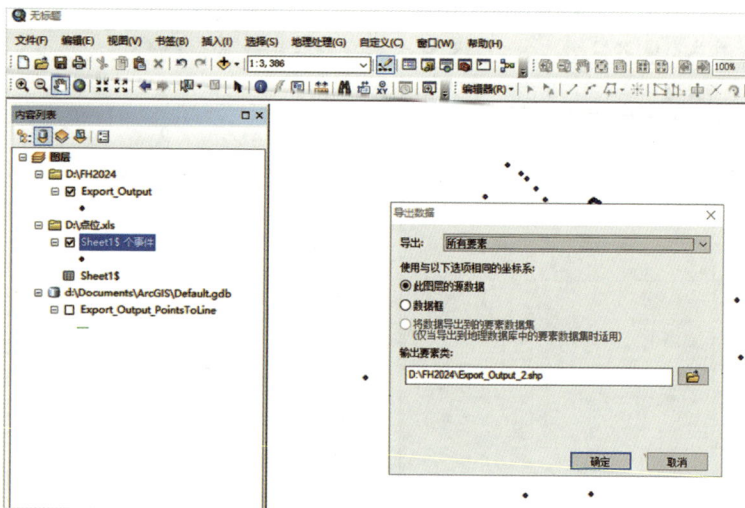

（2）打开工具箱—数据管理工具—要素—点集转线，在弹出的对话框中，输入要素框处选择需要转换点的矢量数据"Export_Output"，在输出框设置输出的路径与名称，选择闭合线，点击确定。最后得到线的矢量数据，如下图中的"Export_Output_Points ToLine"。

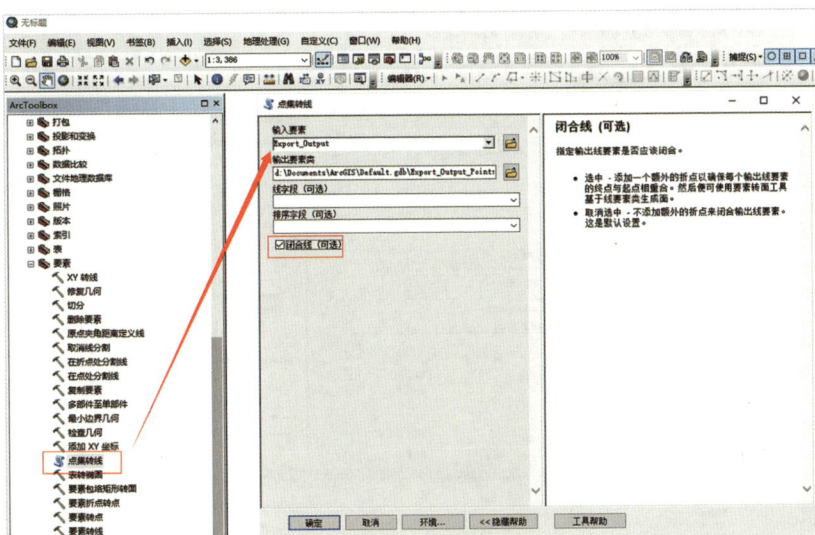

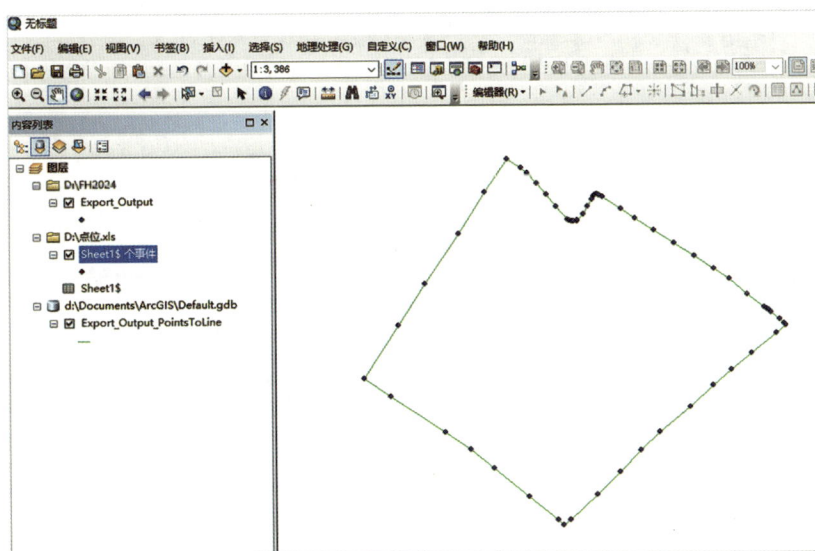

3. 线转面

打开工具箱—数据管理工具—要素—要素转面，在弹出的对话框中，输入要素框处选择需要转换线的矢量数据"Export_Output_Points ToLine"，在输出框设置输出的路径与名称，点击确定。最后得到面的矢量数据，如下图中的"Export_Output_Points ToLine_F"。

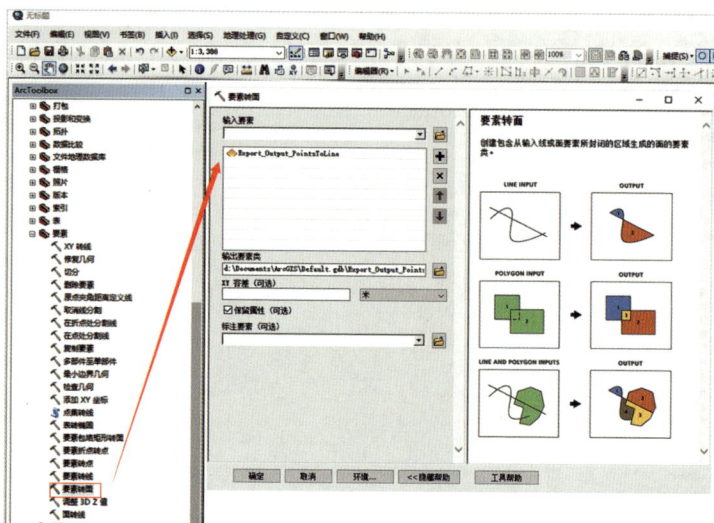

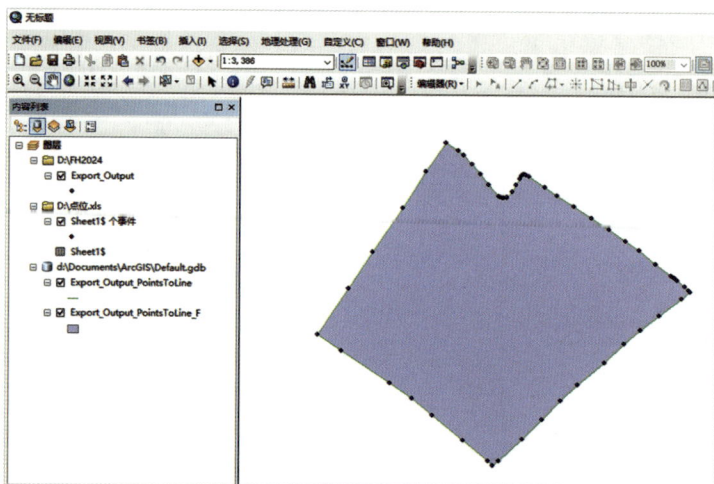

4. CAD 数据输入

方法 1：

（1）打开 ArcGIS，添加需要转换的 CAD 数据。

（2）工具箱—转换工具—转为 Shapefile—要素类转 Shapefile。

（3）在弹出的对话框中，输入要素框处选择需要转换的 CAD 中 polygon 文件。

（4）在输出框设置输出 Shapefile 的路径与名称。

（5）点击确定，完成操作。

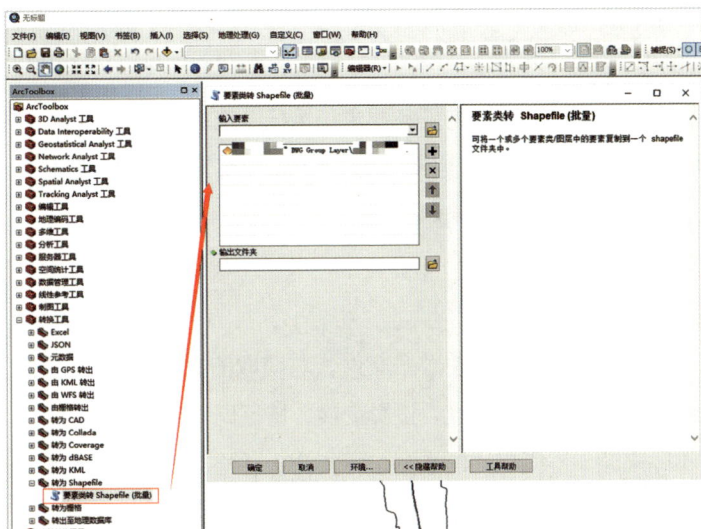

方法 2：

（1）打开 ArcGIS，添加需要转换的 CAD 数据。

（2）工具箱—转换工具—转出至地理数据库—CAD 至地理数据库。

（3）在弹出的对话框中，输入 CAD 数据集框处选择需要转换的 CAD 文件。

（4）在输出框设置输出的数据库文件的路径与名称。

（5）点击确定，完成操作。

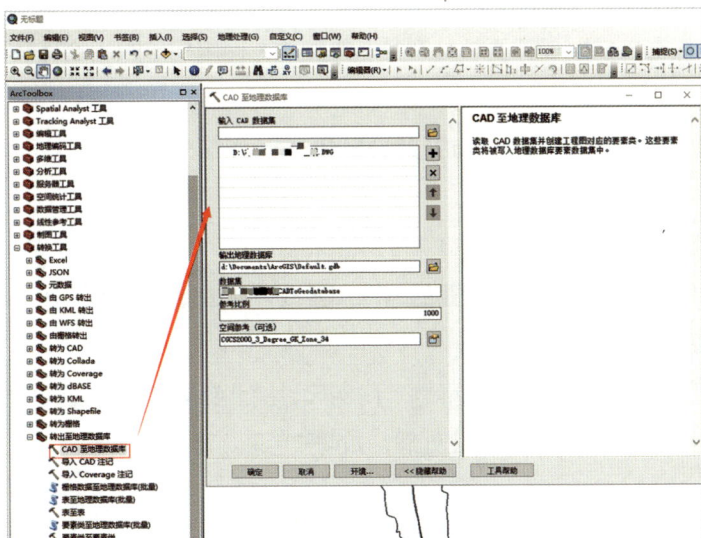

5. 规划底图编绘

1）准备工作

明确土地利用规划底图编绘的任务要求和目标（包括规划的范围、比例尺、表示方法等），收集并整理卫星影像、行政区划图、水系图、交通网络图、土地利用现状图、政府规划文件等相关的基础资料。

2）资料数字化与数据处理

（1）将资料进行数据转换。

（2）打开 ArcGIS，添加相关数据文件，对获取的数据进行预处理，包括检查、纠正、统一坐标原点、比例尺变换、投影变换、特征码转化等。

（3）将不同来源、不同格式的数据进行整合，并建立数据库。

3）底图选择与编制

（1）根据规划内容和要求，选择合适的底图。

（2）利用 ArcGIS 等专业绘图软件，对选定的底图进行必要的编辑和修改，如裁剪、缩放、拼接等。

（3）根据规划要求，添加必要的控制点和标注。

4）专题要素绘制

（1）从相关资料中提取与规划相关的要素，包括行政区划、道路、水系、地形、建筑等。

（2）在底图上按照设计要求绘制各专题要素，使用规定的编绘符号和色彩进行绘制。

（3）对不同类型的专题要素进行符号化处理，以区分不同的土地利用类型和规划要求。

5）地图编辑与整饰

（1）对绘制好的地图进行必要的编辑和修改，如去除冗余的线条、调整标注位置、优化图形表达等。

（2）根据要求，添加图例、标题、比例尺、指北针等元素，设置其样式、大小和位置等属性，并对地图进行美化处理，如调整色彩、添加阴影等。

A. 点击布局视图。

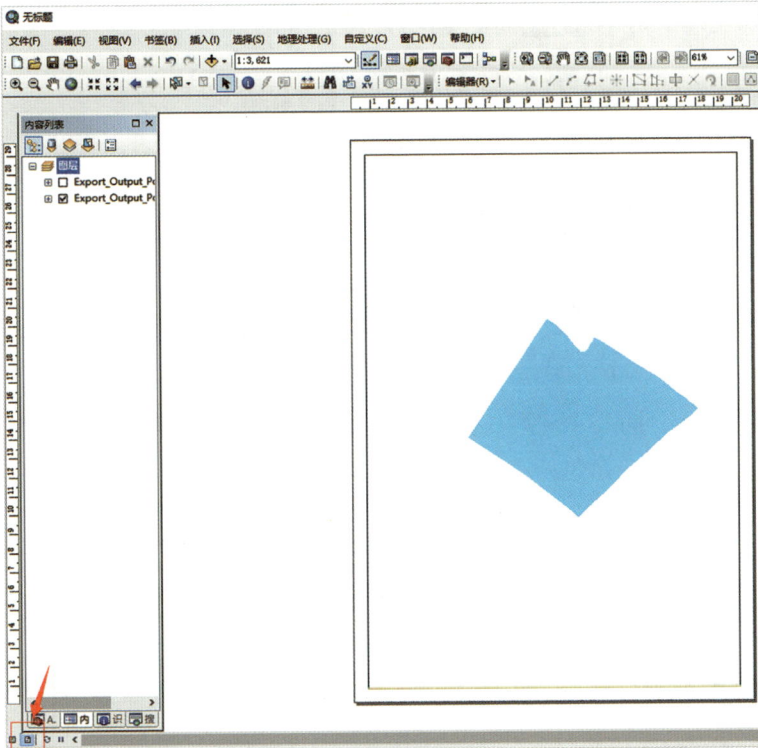

B. 点击图层数据的属性，点击符号系统，添加符号，并调整和美化。

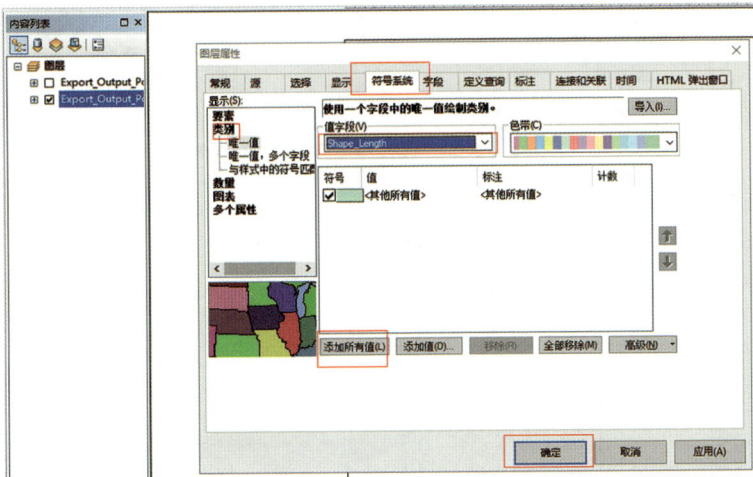

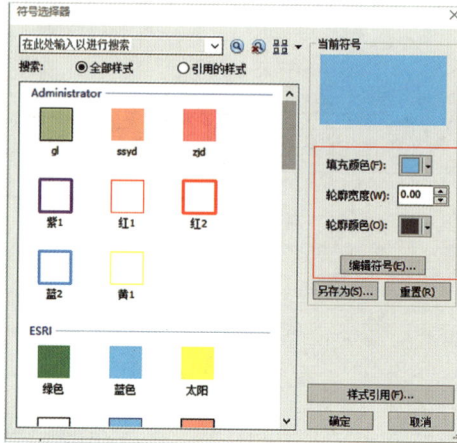

C. 点击插入，插入"标题""图例""指北针""比例尺"等，然后调节它们的大小和位置以及边框。

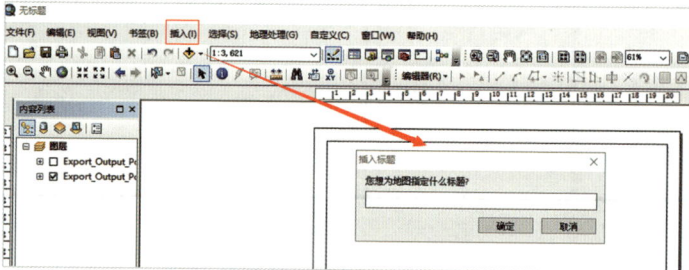

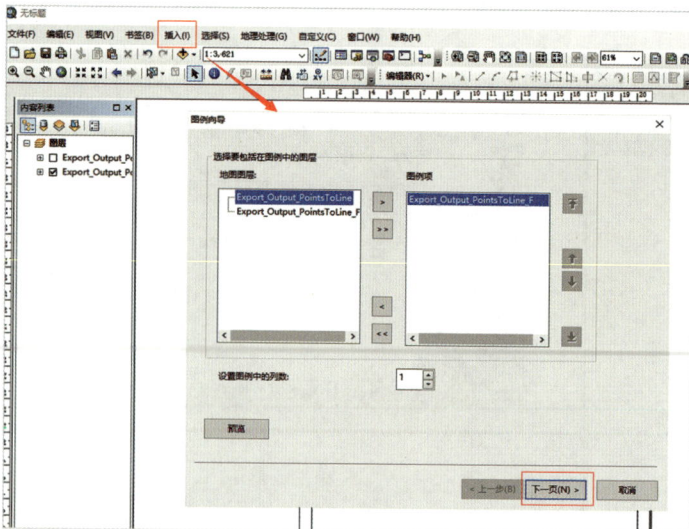

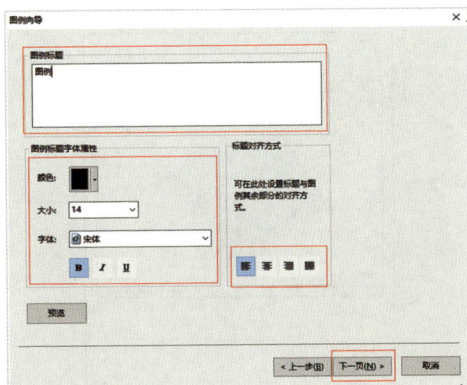

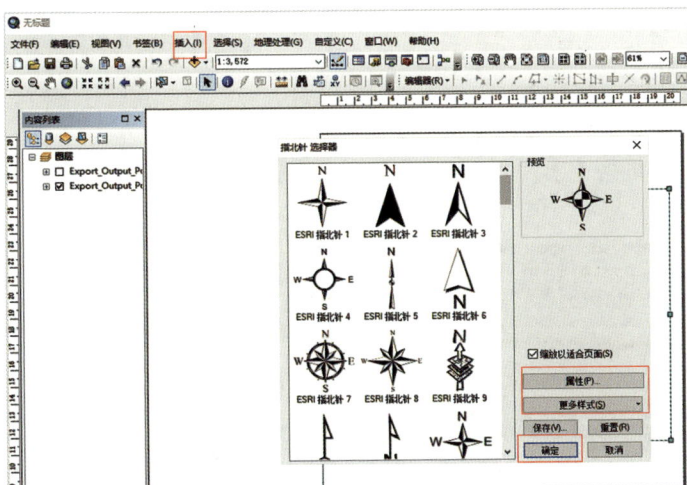

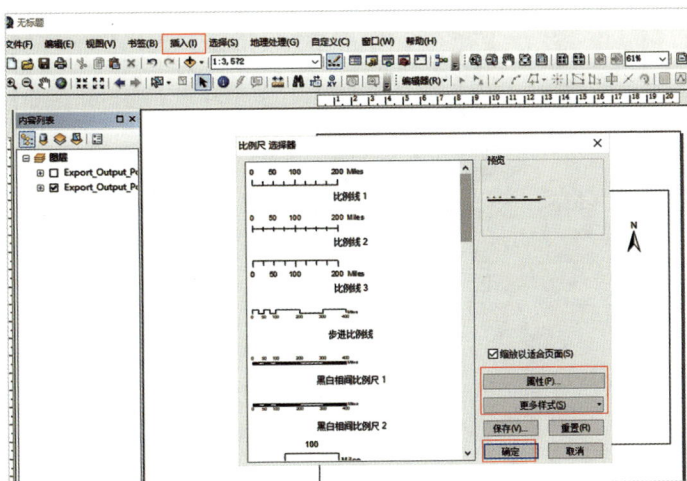

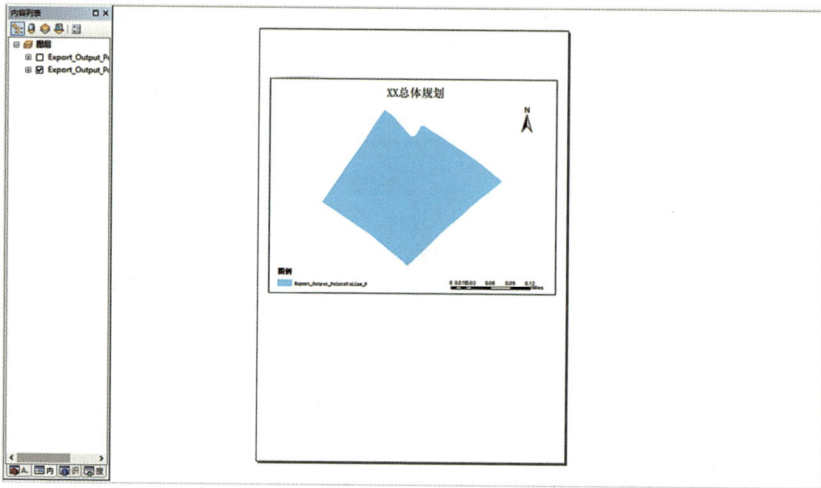

6）地图输出

根据需要将地图输出为适当的电子格式，再放到 PS 中叠加图框底图最后出图。

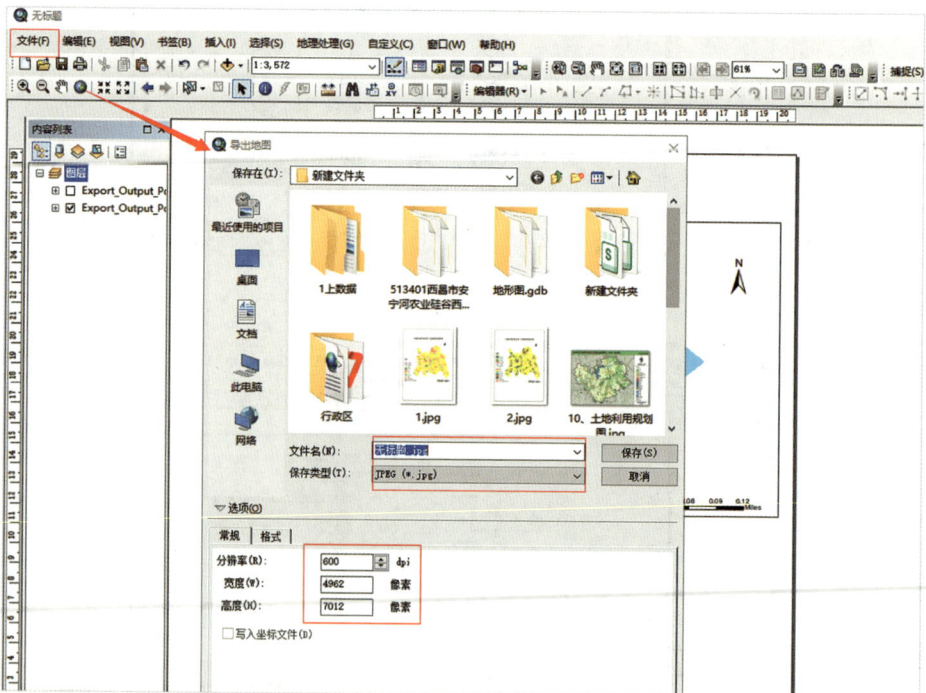

六、实验结果

1. 点、线、面数据

1）点

2）线

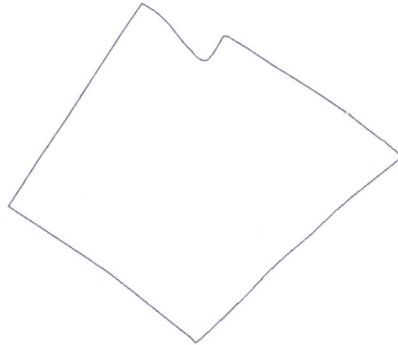

3）面

2. CAD 数据输入

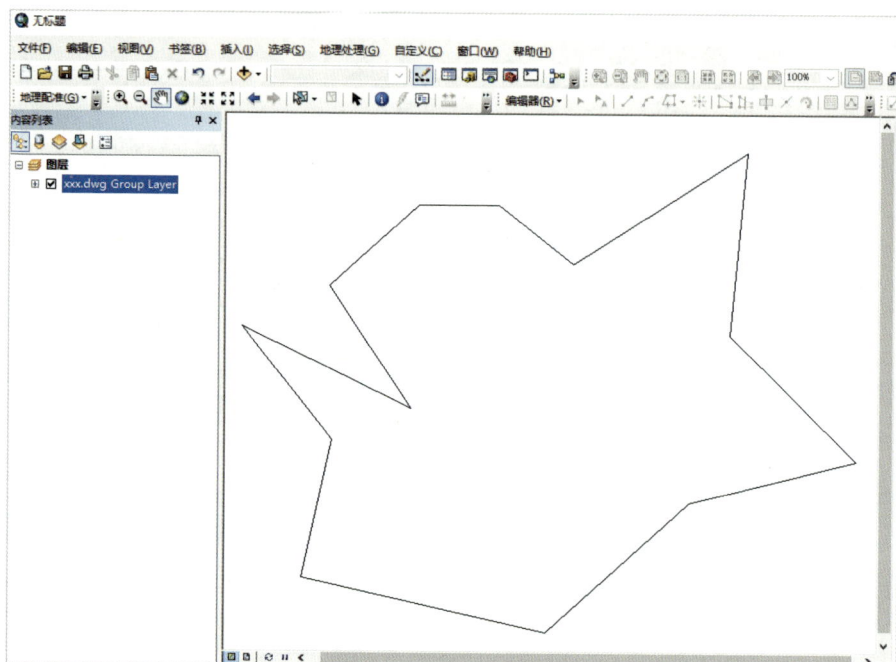

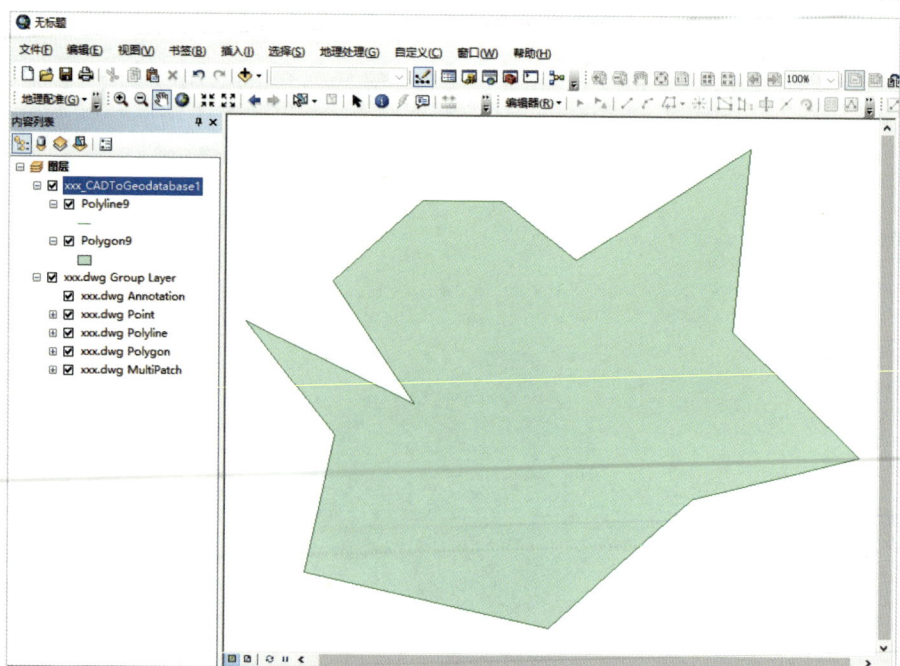

3. 底图编绘成果

02

实验二
人口预测

一、实验目的

（1）了解人口预测的必要性和意义。

（2）掌握人口预测的基本方法，主要是自然增长法和一元线性回归模型法。

（3）通过实际数据拟合和预测，提高数据处理和分析能力。

（4）认识到数据准确性和模型适用性对预测结果的影响，为未来的土地利用规划和人口控制提供重要参考。

二、实验准备

（1）查找实验区域历年统计年鉴，并收集相关人口数据和参数数据，如当年人口总数、出生人数、死亡人数、迁入人数、迁出人数、城镇化率等。

（2）安装 Excel、SPSS、Word 等软件，用于数据处理和分析；安装 Logistic 模型、GM（1,1）灰色模型等人口预测模型软件进行人口预测。

三、实验内容

根据预测模型，对规划期末的人口数量进行预测。

四、实验方法

1. 人口增长法

这是一种基于历史数据预测未来值的方法，通过计算该指标或变量的平均年增长率，来反映其在一定时间内的整体增长趋势和速度。适用于经济发展较稳定且人口增长率变化不大的情况。

（1）人口自然增长法相关公式。

$$人口出生率：k_b = （P_b / 年平均人数）\times 1000‰$$

$$人口死亡率：k_d = （P_d / 年平均人数）\times 1000‰$$

$$人口自然增长率：\alpha = \frac{P_b - P_d}{P_{t_0}} \times 1000‰ = k_b - k_d$$

$$人口自然增长法：P_t = P_{t_0}（1 + \alpha）^{t - t_0} + （P_i - P_o）$$

式中，k_b 为人口出生率（‰）；k_d 为人口死亡率（‰）；α 为人口自然增长率（‰）；P_t 为规划年人口数（人）；P_b 为出生人数（人）；P_d 为死亡人数（人）；P_{t_0} 为基期年人口数（人）；P_i 为迁入人数（人）；P_o 为迁出人数（人）；t 为规划年；t_0 为基期年。

（2）人口综合增长法相关公式。

$$人口迁入率：k_i = （P_i / 一定时期年平均人数）\times 1000‰$$

$$人口迁出率：k_o = （P_o / 一定时期年平均人数）\times 1000‰$$

$$人口机械增长率：\beta = \frac{P_i - P_o}{P_{t_0}} \times 1000‰ = k_i - k_o$$

$$人口综合增长法：P_t = P_{t_0}（1 + \alpha + \beta）^{t - t_0} + P_k$$

式中，k_i 为人口迁入率（‰）；k_o 为人口迁出率（‰）；α 为人口自然增长率（‰）；β 为人口机械增长率（‰）；P_t 为规划年人口数（人）；P_i 为迁入人数（人）；P_o 为迁出人数（人）；P_{t_0} 为基期年人口数（人）；P_k 为常住流动人口数（人）；t 为规划年；t_0 为基期年。

2. 数学模型法

1）趋势预测法

规划区域的地类面积的变化是在时间序列上展开的。随着时间推移，可以得到一系列依赖于时间的数据 $Y_t = f(t)$。以时间为参数数列称为时间序列。

2）回归分析法

（1）一元线性回归模型预测法：基于两个变量之间的线性关系进行预测的方法。它假设自变量（如时间、增长率等）与因变量（如人口数量）之间存在直线关系，并通过建立数学模型来描述这种关系。具体来说，该方法通过最小二乘法找到一条直线，使得这条直线到所有样本点的距离之和最小，从而确定自变量和因变量之间的线性关系。

$$P_t = at + b$$

式中，P_t 为规划年人口数，a 为常数（即回归直线的截距），b 为回归系数（即回归直线的斜率），t 为预测年数。

（2）多元线性回归模型：通过分析两个或两个以上的自变量与一个因变量之间的线性关系，来建立预测模型进行预测的方法。在人口预测中，自变量可能包括出生率、死亡率、劳动力人口百分比、经济指标（如国内生产总值）、政策因素等，而因变量则是人口数量。

3. 职工带眷系数法

这是根据新增就业岗位数（特别是新建工业项目的职工数）及带眷情况来预测城市人口规模的方法。其基本原理是：每个带眷职工都会带一定数量的眷属来到城市，因此可以通过计算带眷职工人数及其带眷系数，再加上单身职工和其他人口，来预测城市的总人口规模。

$$P_t = P_1(1 + k) + P_2$$

式中，P_t 为规划年人口数（人）；k 为带眷系数；P_1 为带眷职工人数（人）；P_2 为单身职工人数（人）。

4. 劳动平衡法

建立在"按一定比例分配社会劳动"的基本原理上，并依据国民经济各部门的发展规划，以国民经济计划的基本人口数和劳动构成比例的平衡关系来确定城市人口规模。

$$P_t = \frac{A}{1 - (k_1 + k_2)}$$

式中，P_t 为规划年人口数（人）；A 为基本人口数（人）；k_1 为服务人口数占总人口数的比重（%）；k_2 为被抚养人口数占总人口数的比重（%）。

五、实验过程

1. 获取原始数据

（1）查阅相关资料，获取 XX 县 2014—2023 年的人口数据。

（2）整理数据，制作人口数据表格，包括年份和对应的人口数（见表 2-1）。

表 2-1 XX 县 10 年人口数据

年份 X	2014	2015	2016	2017	2018
人口（人）Y	211003	212737	214822	216533	217099
年份 X	2019	2020	2021	2022	2023
人口（人）Y	218284	216533	220389	220846	221993

2. 优选人口预测方法

（1）在选择人口预测方法时，需要考虑多种因素，包括数据的可用性、预测的时间范围、预测的准确性要求以及模型的复杂性等，分析各类预测方法的优缺点。

（2）根据实验目的和数据特点选择最适合的方法，以获得准确、可靠的人口预测结果。

3. 统计分析

根据选定的预测方法建立相应的人口预测模型，确定模型参数，最后进行统计分析。例如：

1）人口自然增长法预测

（1）分析该县 10 年的人口数据，判断人口增长趋势是否稳定。

（2）当人口增长呈现稳定增长趋势时，使用自然增长模型进行预测。

（3）根据公式，代入已知数据（如 2023 年年底人口数等），计算预测期末的人口数。

2）一元线性回归模型预测法

（1）制作人口数和年份的散点图，观察是否呈线性排列。

（2）利用历史的人口时间序列数据，建立一元线性回归方程，以此预测一定时期内的人口规模。

（3）在 Excel 中进行一元线性回归分析，得到方程参数 a、b 的值。

（4）将预测年份代入回归方程，计算预测期末的人口数。

六、实验结果

根据人口预测模型，得到规划期年的估算人口数量。

例如：人口增长法。

根据人口普查调查结果，已知 XX 县 2023 年的人口数为 221993 人，出生人数 6560 人，死亡人数 6232 人，迁入人数为 676 人，迁出人数为 2577 人。根据人口自然增长法公式计算得知，这五年规划期内的人口自然增长率为 1.48‰，则预测 2028 年的规划人口数为 221737 人。

03

实验三

土地利用现状分析

一、实验目的

（1）掌握土地利用现状分析的方法。

（2）熟悉土地利用现状分析的内容。

（3）了解和明确区域土地利用的优点和缺点。

（4）通过调查与深入剖析特定区域土地利用的当前状况，了解该区域的土地利用类型、分布特征及其存在的问题，并持续学习相关知识，更加深刻地理解《土地利用规划学》的核心理念与基本方法，提升土地规划领域的综合能力。

二、实验准备

（1）安装好土地利用规划用得到的 ArcGIS、Excel、Word 等软件，用于数据处理、分析和制图。

（2）查找土地利用现状分析案例资料，包括实验区域的区位条件、自然条件等。

（3）收集实验区域过往年份的土地、地图等相关资料，涵盖行政区划图、地形地貌图、遥感图像、第二次土地调查的地类图斑以及耕地质量分类等信息，为深入理解当前土地利用状况奠定基础；收集统计年鉴与社会经济统计资料，包括人口数量、国内生产总值（GDP）、产业结构等关键数据，以辅助分析土地利用与经济社会发展之间的关联；还需收集国家和地方层面关于土地利用的政策文件与法律法规，了解土地利用的法律与政策框架。

三、实验内容

选取某地区 2019—2023 年土地利用变更数据，分析土地利用的数量、结构、经济和生态效益，总结土地利用的特征以及在土地规划上存在的漏洞和问题。

（1）土地利用数量、质量、结构分析。

（2）土地利用动态变化分析。

（3）耕地后备资源及其潜力分析。

（4）土地开发利用程度分析。

（5）土地利用宏观经济分析。

（6）土地利用生态效益分析。

四、实验方法

1. 发展过程纵向对比法

发展过程纵向对比法是一种分析方法，主要用于观察、比较和评估某一对象（如个人、组织、技术、经济体系等）在不同时间点上的发展状况、变化趋势及其背后的原因。这种方法通过收集对象在不同历史时期或时间阶段的数据和信息，进行深入的纵向（即时间维度上）比较，以揭示其发展的连续性、阶段性、趋势性等特点。

2. 发展过程纵向相关分析法

发展过程纵向相关分析法是一种对某一对象（如个人、组织、行业、经济体等）在不同时间节点上的发展状况进行深入研究的方法。该方法侧重于从历史角度出发，通过比较不同时间点的数据和信息，来揭示对象的发展轨迹、趋势、变化原因以及影响因素等。

3．土地利用现状分析数学模型方法

（1）多因素关联分析模型：灰色关联分析是一种对系统发展变化态势进行定量描述和比较的方法。在土地利用现状分析中，可以利用灰色关联分析模型探讨多个因素与土地利用现状之间的关联程度，揭示各因素之间的相互作用机制。

（2）土地利用动态度：用于监测土地利用类型的动态变化，揭示出某一区域内土地利用类型变化的剧烈程度与趋势。通过计算研究时段内某一土地利用类型的动态度，可以量化其变化速度和幅度。

（3）综合评价模型：通过对土地资源的各项质量指标进行综合评价，可以了解土地资源的整体质量状况及其变化趋势。这类模型通常涉及多个评价因子，如土壤肥力、水分条件、污染状况等，通过加权求和等方法得出综合评价值。

4．常用指标

1）土地利用结构与布局分析常用的指标

（1）一级（二级）地类的比重 = 某一级（二级）地类总面积 / 土地（相应一级地类）总面积 ×100%。

（2）一级地类人均面积 = 某一级地类总面积 / 总人口数。

（3）某地貌类型区域内的一级地类比重 = 某地貌类型区内的某一级地类面积 / 该地貌类型区总面积 ×100%。

（4）各坡度级耕地的比重 = 某坡度级的耕地面积 / 耕地总面积 ×100%。

（5）各海拔高度范围耕地的比重 = 某海拔范围的耕地面积 / 耕地总面积 ×100%。

（6）各地类区位指数 = 某行政区域（乡镇、县或地市）某地类面积占该行政区（乡镇、县或地市）土地总面积的比重 / 上一级行政区域（县、地市或省）该地类面积占上一级行政区与土地总面积的比重。

2）土地利用结构与布局分析常用的指标

（1）各地类年均变化量 = 某一时段地类的面积变化量 / 该时段的年数。

（2）各地类人均面积的变化量 = 统计基期某地类的人均面积 - 统计末期某地类的人均面积。

（3）人均（户均）城镇用地面积变化量 = 统计基期人均（户均）城镇用地面积 -

统计末期人均（户均）城镇用地面积。

（4）人均（户均）村庄用地面积变化量 = 统计基期人均（户均）村庄用地面积 − 统计末期人均（户均）村庄用地面积。

（5）交通密度变化量 = 统计基期交通密度 − 统计末期交通密度。

（6）森林覆盖率变化量 = 统计基期森林覆盖率 − 统计末期森林覆盖率。

3）土地利用结构与布局分析常用的指标

（1）土地垦殖率 = 耕地面积 / 土地总面积 ×100%[1]。

（2）土地利用率 = 已利用土地面积 / 土地总面积 ×100%[1]。

（3）土地农业利用率 = 农业用地面积 / 土地总面积 ×100%[1]（农业用地为耕地、园地、林地、牧草地、水产养殖用地）。

（4）土地建设利用率 = 建设用地面积 / 土地总面积 ×100%（建设用地为居民点、工矿、交通、水利设施用地等）。

（5）耕地复种指数 = 全年农作物播种面积 / 耕地面积 ×100%。

（6）水面利用率 = 已利用水面面积 / 水面总面积 ×100%。

（7）林地覆盖率 = 林地面积 / 土地总面积 ×100%。

（8）建筑密度 = 建筑物基底面积 / 用地总面积 ×100%[1]。

（9）建筑容积率 = 建筑总面积率 / 用地总面积[1]。

（10）人均用地面积 = 用地总面积 / 人口总数。

4）土地利用结构与布局分析常用的指标

（1）单位耕地农机总动力数 = 农机总动力数 / 耕地面积。

（2）有效灌溉面积比率 = 有效灌溉面积 / 耕地面积。

（3）单位耕地化肥施用量 = 化肥施用量 / 耕地面积（化肥施用量分实物量、折纯量两种）。

（4）单位耕地用工量 = 用工量 / 耕地面积（用工量可用劳动力数代替，其他农用地的计算方法相同）。

（5）单位土地资金集约度 = 土地总投资 / 土地总面积（可按各类用地计算）。

（6）土地利用投入产出率 = 土地产出总值 / 土地投入总值。

（7）单位用地产值率 = 土地产出价值 / 用地面积（可按各类用地计算）。

（8）单位产值占地率 = 用地面积 / 土地产出价值（可按各类用地计算）。

（9）交通密度 = 交通线总长度 / 土地总面积。

（10）城市化水平 = 城镇人口总数 / 人口总数 ×100%。

5）土地利用结构与布局分析常用的指标

（1）水土流失（土地沙化、土地盐渍化）面积指数 = 水土流失（土地沙化、土地盐渍化）面积 / 土地总面积。

（2）氮及有机质含量。

（3）土壤环境质量指数。

（4）水质质量指数。

（5）受灾（难利用土地、中低产田）面积比率 = 受灾面积（难利用土地面积、中低产田面积）/ 土地总面积。

6）土地利用结构与布局分析常用的指标

单位播种面积（或收获面积）产量（或产值）= 作物总产量（产值）/ 作物总播种面积（该指标可按具体作物分别计算产量或产值）。

五、实验过程

1. 准备工作

收集实验区域 2019—2023 年的遥感影像数据，并将其添加至 ArcGIS 软件中；

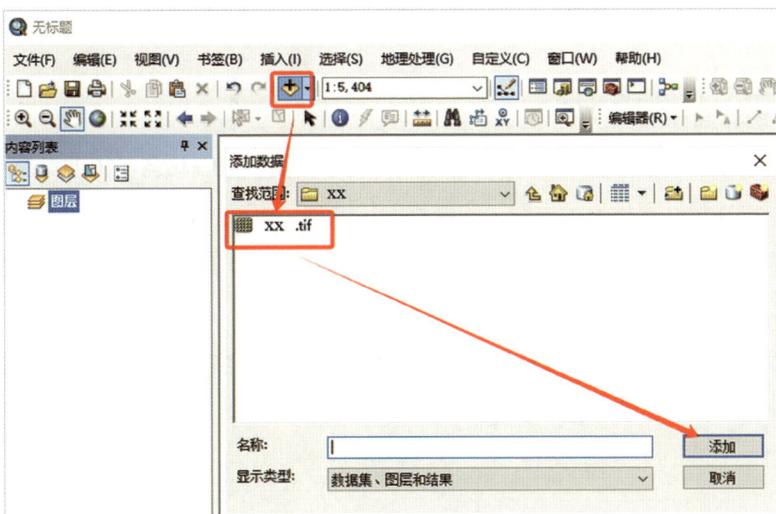

同时还要收集土地变更调查数据库（包括一般土地整治项目、重大工程项目、示范省建设项目、高标准基本农田建设项目、城乡建设用地增减挂钩项目等）科研、设计和竣工验收资料、农业综合开发和农田水利建设等项目资料以及未进行等别评价的新增耕地和质量建设耕地的相关项目资料。

2. 解译图像并制成数据

进行图像解译（即根据遥感影像的特征，如色调、纹理、形状等，识别不同的土地利用类型），并制成矢量数据。

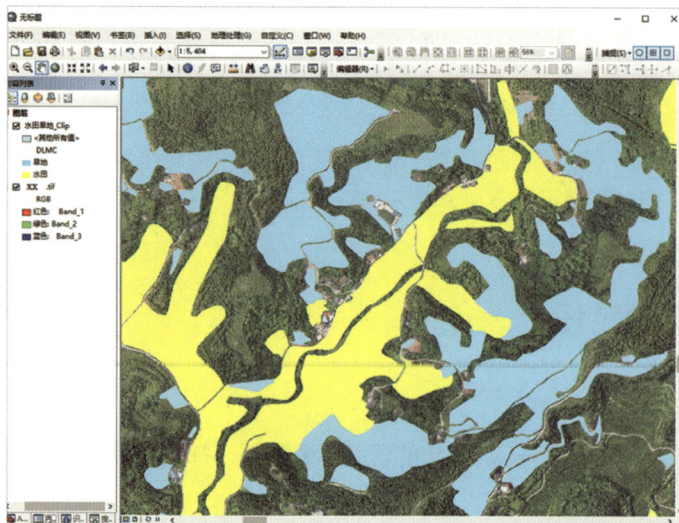

3. 统计面积

利用 ArcGIS 软件统计 2019—2023 年各地类面积数据和各乡镇地类面积。

（1）打开属性表—添加字段（设置好字段名称、类型、精度和小数位数）—点击新添加的"Area"字段，选择"计算几何"，计算出每个矢量要素（即地类斑块）的面积。

（2）打开分析工具—统计分析—汇总统计数据，按乡镇和土地利用类型进行汇总，得到各乡镇各地类的面积数据。

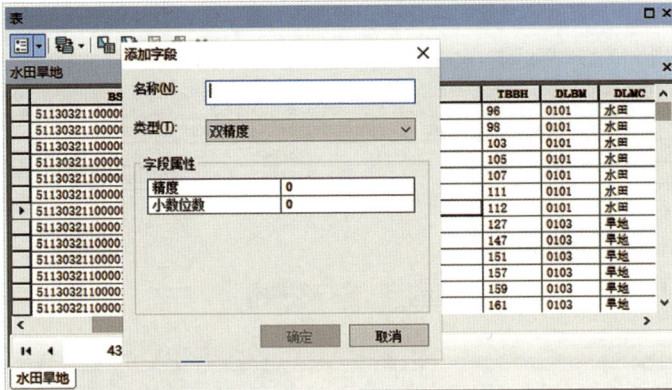

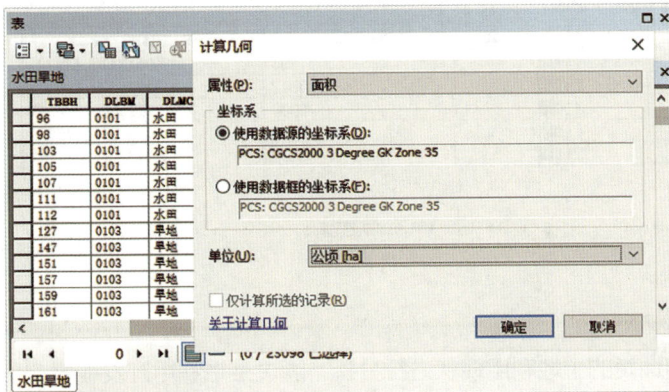

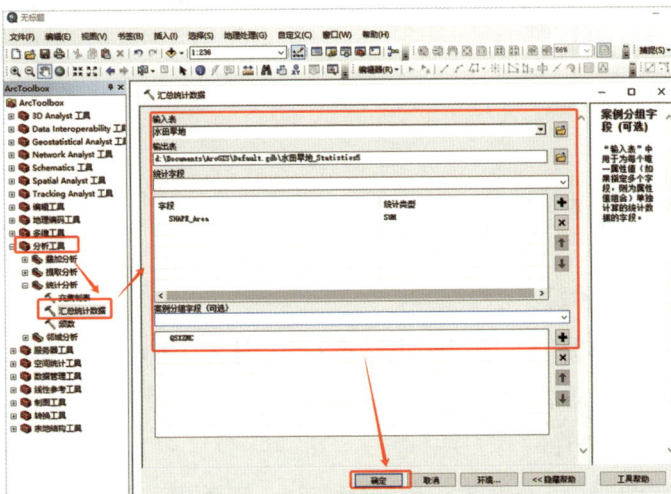

（3）对于多年数据，可以重复上述步骤，分别统计每年的面积数据。

4. 分析现状

对各乡镇地类的土地利用现状进行分析，通过土地利用开发程度、土地节约集约经营程度、土地利用经济效益、土地利用生态效益、土地利用动态度来计算，统计耕地后备资源潜力。

5. 评价

对土地利用现状进行评价。

6. 完成等级评价图

根据评价结果对各乡镇土地利用评价结果进行评价分区，在 ArcGIS 中进行评价分区图件制作，完成等级评价图。

1）制作年度更新评价工作底图

制作年度更新评价工作底图采用的是叠加法。年度更新评价工作底图包括两个图层：一是年度更新评价耕地图斑图层，用来存储可以上图的新增、减少、质量建设耕地图斑信息；二是年度更新评价零星耕地图层，用来存储新增、减少、质量建设的零星耕地信息。

（1）获取新增的耕地。

（2）获取减少耕地图斑。

（3）获取质量建设的耕地图斑。

2）获取年度更新评价图层中各图斑的等别信息

（1）获取减少耕地图斑和质量建设耕地建设前的等别信息。

将 2023 年度更新评价工作底图与 2019 年度耕地质量等别图进行图形叠加，读取减少耕地图斑和质量建设耕地建设前的等别信息。

（2）获取新增耕地和质量建设耕地的等别信息。

3）生成耕地质量等别年度更新数据包

整理 2023 年度耕地质量等别更新评价成果，利用数据库建库软件，按照耕地质量等别年度更新数据包结构定义要求，生成 2023 年度耕地质量等别年度更新数据包。

4）更新县级耕地质量等别数据库

（1）更新县级分等单元层。

（2）更新零星耕地图层。

（3）更新 XX 县耕地质量等别数据库。

六、实验结果

撰写一份土地利用现状分析报告，包括以下内容。

1．引言

（1）简要介绍报告的背景、目的和重要性。

（2）说明报告的研究范围、数据来源和研究方法。

2．土地利用基本情况描述

（1）自然情况：描述研究区域的地理位置、地形地貌、气候条件、土壤类型等自然因素。

（2）经济情况：概述研究区域的经济状况、产业结构、人口分布等经济因素。

（3）社会情况：介绍研究区域的社会发展、政策环境、基础设施等社会因素。

3. 土地利用现状分析

（1）土地利用结构和布局：详细介绍各类用地的面积、比例、分布规律和结构特点，包括耕地、林地、草地、建设用地等。同时，分析土地利用结构的历史变化及未来趋势。

（2）土地质量和土地利用生态效益：评估土地的质量状况，包括土壤肥力、水土保持能力等。分析土地利用对生态环境的影响，如森林覆盖率、水土流失情况、土壤污染情况、草原退化现象、土地荒漠化现象等。

（3）土地利用率和土地产出率：分析土地的利用效率，包括已利用土地的比例、闲置土地的数量等。评估土地的产出能力，包括各类用地的单位面积产量、经济效益等。

（4）土地利用的社会效益：评价土地利用对当地社会发展的贡献，如就业机会、居民收入、社会稳定等。

4. 土地利用变化分析

（1）土地利用变化情况：详细描述研究区域内各类用地的变化情况，包括面积变化、类型转换等。

（2）变化原因分析：分析导致土地利用变化的主要原因，如政策调整、经济发展、人口迁移等。

5. 效益分析与耕地质量评价

1）社会效益分析

（1）社会效益。

（2）耕地动态作用。

（3）土地整理作用。

2）生态效益和环境影响分析

评估不同土地利用方式对生态系统的影响，包括生物多样性、水土保持、碳汇功能等关键指标。

例如：生态效益分析结果显示，XX 县 XX 镇 XX 村自然林地生态价值最高，其生物多样性指数（0.85）和碳储量（120 吨 / 公顷）显著优于其他用地类型；农业用地虽经济产出稳定，但长期单一耕作导致土壤有机质下降（年均减少 1.2%），且化肥的使用加剧了水体富营养化风险；建设用地生态效益最低，地表硬化导致雨水径流增加（径流系数达 0.6），局部热岛效应明显。建议通过生态修复（如退耕还林）和绿色基础设施（如海绵城市设计）提升区域生态韧性，实现可持续发展。

3）经济效益分析

通过对土地资源利用的经济产出、投入成本以及综合效益进行评估，详细描述经济效益情况。

例如：经济效益分析结果显示，XX 县 XX 镇 XX 村不同土地用途的经济效益差异显著。农业用地年均产出约为每亩 5000 元，但受限于农产品价格波动和气候因素收益稳定性较低；工业用地年均产出达每亩 15 万元，但前期基础设施投入较高（约每亩 50 万元），回收周期较长；商业用地经济效益最优，年均产出可达每亩 30 万元且投资回收期较短（3 ~ 5 年）。此外，生态旅游用地的综合效益较高，虽然直接经济收益（每亩 8000 元）不及工业和商业用地，但带动了周边服务业发展，间接经济效益显著。建议在土地规划中优化资源配置，优先发展高效益产业，同时兼顾生态和社会效益。

4）耕地质量评价

以土地利用现状图为基础，结合耕地条件（地块、地形地貌和基础设施等）按照《农用地质量分等规程》（GB/T 28407—2012）的相关规定，根据国家耕地自然质量指数、国家利用等指数和国家耕地经济等指数的计算结果，耕地等别的划分统一采用等间距法进行划分。

XX 县 XX 镇 XX 村耕地土壤深厚、肥沃，农田水利基础设施、道路建设配套齐全耕地的利用率提高，农业综合生产能力得到显著改善，经济、社会和生态效益显著，耕地质量等别（国家利用等）为 XX 等。其中，XX 等水田为 XX 公顷，XX 等旱地为 XX 公顷。

6. 土地利用评述

在上述分析基础上，对土地利用做出结论。

（1）XX 镇 XX 村 2018—2020 年土地利用变更对照。

××镇××村 2015 年土地利用现状图

××镇××村 2010 年土地利用现状图

（2）XX 县 2019 年和 2020 年土地利用现状（见表 3-1、表 3-2）。

表 3-1　XX 县 2019 年土地利用现状

单位：公顷

地类编码	地类名称	面积
0101	水田	6960.8846
0102	水浇地	82.5999
0103	旱地	13237.5354
0201	果园	4651.1893
0204	其他园地	16616.8611
0301	乔木林地	156867.5442
0302	竹林地	51.7899
0305	灌木林地	2890.2326
0307	其他林地	6502.6094
0401	天然牧草地	11183.2373
1006	农村道路	1372.1072
1103	水库水面	384.2721
1104	坑塘水面	313.2465
1107	沟渠	71.8647
1202	设施农用地	143.7936
05H1	商业服务用地	101.4249
0508	仓储物流用地	42.7385
0601	工业用地	358.9216
0602	采矿用地	307.3957
0701	城镇住宅用地	294.6896
0702	农村宅基地	2780.5729
08H1	机关团体新闻出版用地	38.1014
08H2	科教文卫用地	127.6011
0809	公用设施用地	33.4331
0810	公园与绿地	27.2676
09	特殊用地	76.7325
1001	铁路用地	267.4590

地类编码	地类名称	面积
1003	公路用地	808.6502
1004	城镇村道路用地	115.0187
1005	交通服务场站用地	18.1070
1008	港口码头用地	0.0496
1109	水工建筑用地	38.4036
1201	空闲地	0.7811
0404	其他草地	365.1577
1101	河流水面	2248.8899
1102	湖泊水面	3.4916
1106	内陆滩涂	315.9911
1206	裸土地	113.0822
1207	裸岩石砾地	332.7112
合计		230146.4396

表 3-2　XX 县 2020 年土地利用现状

单位：公顷

地类编码	地类名称	面积
0101	水田	6462.69
0102	水浇地	52.6616
0103	旱地	10871.23
0201	果园	4405.4694
0204	其他园地	17196.573
0301	乔木林地	156917.1897
0302	竹林地	51.4732
0305	灌木林地	2896.79
0307	其他林地	6502.1515
0401	天然牧草地	11198.384
1006	农村道路	1294.8132

地类编码	地类名称	面积
1103	水库水面	343.0814
1104	坑塘水面	315.595
1107	沟渠	72.3566
1202	设施农用地	96.3471
1203	田坎	2824.4403
05H1	商业服务用地	94.0841
0508	仓储物流用地	38.6017
0601	工业用地	323.6263
0602	采矿用地	302.336
0701	城镇住宅用地	268.3937
0702	农村宅基地	2818.5677
08H1	机关团体新闻出版用地	37.7551
08H2	科教文卫用地	125.9128
0809	公用设施用地	31.2388
0810	公园与绿地	25.6287
09	特殊用地	72.019
1001	铁路用地	222.3998
1003	公路用地	806.5189
1004	城镇村道路用地	104.3038
1005	交通服务场站用地	15.3973
1008	港口码头用地	0.0108
1109	水工建筑用地	47.1363
1201	空闲地	0.7812
0404	其他草地	314.944
1101	河流水面	2252.9734
1102	湖泊水面	3.4917
1106	内陆滩涂	321.8657
1206	裸土地	83.2257
1207	裸岩石砾地	330.9689
合计		230143.4274

（3）XX村2015—2020年土地利用变化（见表3-3～表3-5）。

表3-3　XX村2015年土地利用现状

单位：公顷

地类编码	地类名称	面积
011	水田	127.61123
013	旱地	95.6035
021	果园	2.6136
023	其他园地	1.0143
031	有林地	1.79137
111	河流水面	0.5793
114	坑塘水面	5.3319
122	设施农用地	0.0690
127	裸地	0.8820
203	村庄	33.8872
205	风景名胜及特殊用地	0.1760
合计		269.5594

表3-4　XX村2020年土地利用现状

单位：公顷

地类编码	地类名称	面积
0101	水田	128.3872
0103	旱地	82.1555
0201	果园	0.0709
0301	乔木林地	3.9526
0302	竹林地	13.6635
0305	灌木林地	1.0672
0307	其他林地	0.2895
0702	农村宅基地	25.4721
08H1	机关团体新闻出版用地	0.2813
09	特殊用地	0.0398
1006	农村道路	2.5201
1003	公路用地	2.9765
1101	河流水面	1.8972
1104	坑塘水面	6.9341
1202	设施农用地	0.0908
合计		269.7983

表3-5 XX村 2015—2020年土地利用转移矩阵

单位：公顷

2015—2020年各类土地变化量

地类名称	公路用地	灌木林地	果园	旱地	河流水面	机关团体新闻出版用地	坑塘水面	农村道路
村庄	0.5288	0.0688	0.0143	4.5180	0.0007	0.2644	0.3667	0.4901
风景名胜及特殊用地	—	—	—	0.1046	—	—	—	—
果园	0.0865	—	—	1.0139	—	—	0.0007	0.0700
旱地	1.3944	0.6357	—	70.7155	—	0.0169	0.3484	0.9130
河流水面	—	—	—	—	0.2408	—	—	—
坑塘水面	0.0662	—	0.0073	0.2362	—	—	4.1503	0.0273
裸地	0.0385	0.0749	0.0000	0.1275	—	—	—	—
其他园地	—	—	—	—	—	—	0.0002	0.0823
设施农用地	—	—	—	—	—	—	—	0.0114
水田	0.7689	0.2139	0.0493	4.3182	0.8976	—	2.0656	0.8960
有林地	0.0929	0.0740	—	0.5268	—	—	0.0000	0.0252
总计	2.9763	1.0672	0.0709	81.5608	1.1391	0.2813	6.9319	2.5152

2015—2020 年各类土地变化量

地类名称	农村宅基地	其他林地	乔木林地	设施农用地	水田	特殊用地	竹林地	总计
村庄	17.7233	0.1275	0.6596	0.0063	4.0794	—	4.9174	33.7654
风景名胜及特殊用地	—	—	—	—	0.0540	0.0175	—	0.1760
果园	0.2832	—	0.0891	—	0.6510	—	0.3743	2.5685
旱地	3.9460	—	1.4767	0.0845	9.7534	0.0026	5.2059	94.4931
河流水面	—	—	—	—	0.3384	—	—	0.5793
坑塘水面	0.1238	—	—	—	0.6150	—	0.0378	5.2639
裸地	0.0729	—	—	—	0.5682	—	—	0.8820
其他园地	0.1727	—	—	—	0.4853	—	0.2738	1.0143
设施农用地	—	—	0.0107	—	—	0.0197	0.0271	0.0690
水田	2.8829	0.1620	1.3843	—	110.6914	—	2.3893	126.7194
有林地	0.2218	—	0.3322	—	0.1326	—	0.3639	1.7694
总计	25.4267	0.2895	3.9526	0.0908	127.3687	0.0398	13.5894	—

（4）"二调、三调"地类编码对照（见表3-6）。

表3-6 "二调、三调"地类编码对照

序号	"二调"分类标准 GB/T 21010－2007		"三调"分类标准 GB/T 21010－2017	
	类别编码	类别名称	类别编码	类别名称
1	011	水田	0101	水田
2	012	水浇地	0102	水浇地
3	013	旱地	0103	旱地
4	021	果园	0201	果园
5	022	茶园	0202	茶园
6	023	其他园地	0203	橡胶园
			0204	其他园地
7	031	有林地	0301	乔木林地
			0302	竹林地
			0303	红树林地
			0304	森林沼泽
8	032	灌木林地	0305	灌木林地
			0306	灌丛沼泽
9	033	其他林地	0307	其他林地
10	041	天然牧草地	0401	天然牧草地
11	042	人工牧草地	0403	人工牧草地
12	043	其他草地	0402	沼泽草地
			0404	其他草地
13	051	批发零售用地	0501	零售商业用地
			0502	批发市场用地
14	052	住宿餐饮用地	0503	餐饮用地
			0504	旅馆用地
15	053	商务金融用地	0505	商务金融用地
16	054	其他商服用地	0506	娱乐用地
			0507	其他商服用地

序号	"二调"分类标准 GB/T 21010—2007		"三调"分类标准 GB/T 21010—2017	
	类别编码	类别名称	类别编码	类别名称
17	061	工业用地	0601	工业用地
18	062	采矿用地	0602	采矿用地
			0603	盐田
19	063	仓储用地	0604	仓储用地
20	071	城镇住宅用地	0701	城镇住宅用地
21	072	农村宅基地	0702	农村宅基地
22	081	机关团体用地	0801	机关团体用地
23	082	新闻出版用地	0802	新闻出版用地
24	083	科教用地	0803	教育用地
			0804	科研用地
25	084	医卫慈善用地	0805	医疗卫生用地
			0806	社会福利用地
26	085	文体娱乐用地	0807	文化设施用地
			0808	体育用地
27	086	公共设施用地	0809	公用设施用地
28	087	公园与绿地	0810	公园与绿地
29	088	风景名胜设施用地	0906	风景名胜设施用地
30	091	军事设施用地	0901	军事设施用地
31	092	使领馆用地	0902	使领馆用地
32	093	监教场所用地	0903	监教场所用地
33	094	宗教用地	0904	宗教用地
34	095	殡葬用地	0905	殡葬用地
35	101	铁路用地	1001	铁路用地
			1002	轨道交通用地
36	102	公路用地	1003	公路用地
37	103	街巷用地	1004	城镇村道路用地
			1005	交通服务场站用地

序号	"二调"分类标准 GB/T 21010—2007		"三调"分类标准 GB/T 21010—2017	
	类别编码	类别名称	类别编码	类别名称
38	104	农村道路	1006	农村道路
39	105	机场用地	1007	机场用地
40	106	港口码头用地	1008	港口码头用地
41	107	管道运输用地	1009	管道运输用地
42	111	河流水面	1101	河流水面
43	112	湖泊水面	1102	湖泊水面
44	113	水库水面	1103	水库水面
45	114	坑塘水面	1104	坑塘水面
46	115	沿海滩涂	1105	沿海滩涂
47	116	内陆滩涂	1106	内陆滩涂
48	117	沟渠	1107	沟渠
49	118	水工建筑用地	1109	水工建筑用地
50	119	冰川及永久积雪	1110	冰川及永久积雪
51	121	空闲地	1201	空闲地
52	122	设施农业用地	1202	设施农用地
53	123	田坎	1203	田坎
54	124	盐碱地	1204	盐碱地
55	125	沼泽地	1108	沼泽地
56	126	沙地	1205	沙地
57	127	裸地	1206	裸土地
			1207	裸岩石砾地
58	201	城市	05/06/ 07/08/10	商服用地/工矿仓储用地/住宅用地/公共管理与公共服务用地/交通运输用地
59	202	建制镇		
60	203	村庄		
61	204	采矿用地	0602	采矿用地
62	205	风景名胜及特殊用地	09	特殊用地

（5）耕地后备资源及其潜力分析技术路线图和评价参数（见表3-7~表3-9）。

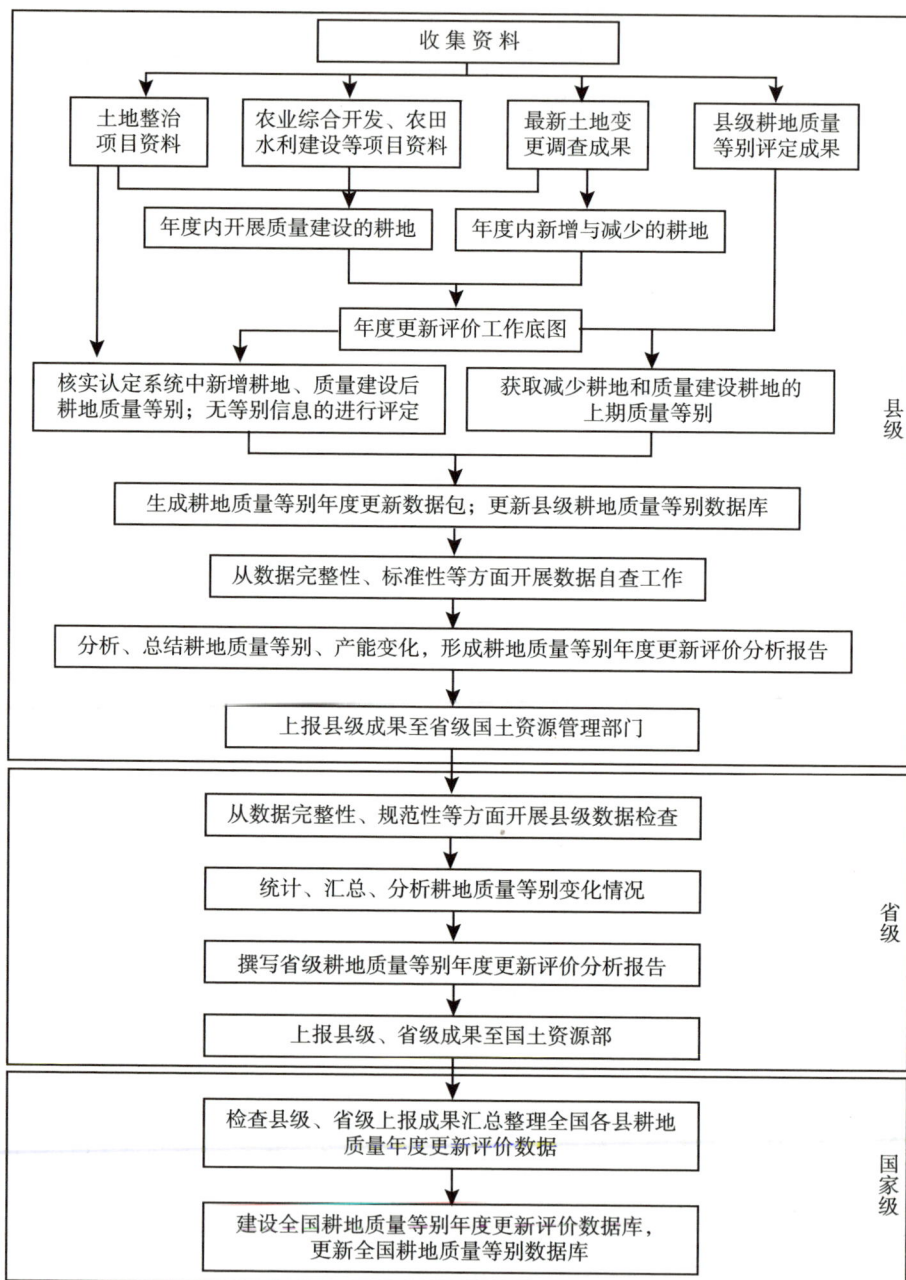

```
                    ┌──────────────┐
                    │   收 集 资 料  │
                    └──────────────┘
   ┌────────────┬────────────────┬──────────────┬──────────────┐
┌──────────┐┌──────────────┐┌──────────────┐┌──────────────┐
│土地整治    ││农业综合开发、农田││最新土地变     ││县级耕地质量   │
│项目资料    ││水利建设等项目资料││更调查成果     ││等别评定成果   │
└──────────┘└──────────────┘└──────────────┘└──────────────┘
          ┌──────────────────┐┌──────────────────┐
          │年度内开展质量建设的耕地││年度内新增与减少的耕地│
          └──────────────────┘└──────────────────┘
                 ┌──────────────────┐
                 │年度更新评价工作底图 │
                 └──────────────────┘
┌────────────────────────┐┌────────────────────┐
│核实认定系统中新增耕地、质量建设后││获取减少耕地和质量建设耕地的│
│耕地质量等别；无等别信息的进行评定││上期质量等别          │
└────────────────────────┘└────────────────────┘
```

县级

生成耕地质量等别年度更新数据包；更新县级耕地质量等别数据库

从数据完整性、标准性等方面开展数据自查工作

分析、总结耕地质量等别、产能变化，形成耕地质量等别年度更新评价分析报告

上报县级成果至省级国土资源管理部门

从数据完整性、规范性等方面开展县级数据检查

统计、汇总、分析耕地质量等别变化情况

撰写省级耕地质量等别年度更新评价分析报告

上报县级、省级成果至国土资源部

省级

检查县级、省级上报成果汇总整理全国各县耕地质量年度更新评价数据

建设全国耕地质量等别年度更新评价数据库，更新全国耕地质量等别数据库

国家级

XX 县耕地质量等别更新评价技术路线

表 3-7　XX 县（盆地丘陵低山区）耕地评价因素及权重

影响因素	有效土层厚度	表层土壤质地	剖面构型	土壤有机质含量	土壤pH值	排水条件	地形坡度	灌溉保证率	地表岩石露头度
权重	0.20	0.05	0.03	0.15	0.03	0.08	0.20	0.21	0.05

表 3-8　XX 县（盆地丘陵低山区）指定作物—分等因素指标值—耕地质量分关系

分等因素	分级指标/属性	代码	水稻	小麦	玉米
有效土层厚度（YXtc）	≥ 100cm	1	100	100	100
	60 ~ 100cm	2	90	90	90
	30 ~ 60cm	3	60	80	80
	< 30cm	4	20	40	50
表层土壤质地（TRzd）	壤土	R	100	100	100
	粘土	N	80	80	90
	砂土	S	70	40	80
	砾质土	L	60	40	60
剖面构型（TTgx）	通体壤、壤/砂/壤	1	100	100	100
	壤/粘/壤	2	90	90	80
	壤/粘/粘	3	80	80	70
	砂/粘/砂、壤/砂/砂	4	70	70	65
	砂/粘/粘	5	60	60	60
	粘/砂/粘、通体粘、粘/砂/砂	6	50	40	50
	通体砂	7	40	30	40
有机质含量（TRyjz）	≥ 3.0%	1	100	100	100
	3.0% ~ 2.0%	2	90	95	95
	2.0% ~ 1.0%	3	80	85	90
	0.6% ~ 1.0%	4	60	75	70
	< 0.6%	5	50	60	60

续表

分等因素	分级指标 / 属性	代码	水稻	小麦	玉米
pH 值（TRsjd）	6.0 ~ 6.5	1	100	100	100
	5.0 ~ 6.0；6.5 ~ 7.3	2	90	95	80
	4.0 ~ 5.0；7.3 ~ 8.3	3	60	70	70
	< 4.0，> 8.3	4	30	40	40
坡度（PDu）	< 2°	G1	100	100	100
	2° ~ 5°	G2	90	95	95
	5° ~ 8°	G3	80	85	90
	8° ~ 15°	G4	60	70	75
	15° ~ 25°	G5	30	40	50
	≥ 25°	G6	10	20	30
排水（PStj）	1 级	1	100	100	100
	2 级	2	90	95	85
	3 级	3	80	85	70
	4 级	4	60	70	50
岩石露头度（DMys）	1 级	1	100	100	100
	2 级	2	90	90	95
	3 级	3	70	80	85
	4 级	4	50	60	70
灌溉保证率（GGai）	1 级（充分）	1	100	100	100
	2 级（基本）	2	90	95	95
	3 级（一般）	3	80	90	90
	4 级（无）	4	50	60	70

表 3-9　XX 县耕地等别划分规则

类型 等别	自然质量等指数 （R）	利用等指数 （L）	耕地经济等指数 （N）
一等	$R \geqslant 4500$	$L \geqslant 2100$	$N \geqslant 1300$
二等	$4000 \leqslant R < 4500$	$1865 \leqslant L < 2100$	$1150 \leqslant N < 1300$
三等	$3500 \leqslant R < 4000$	$1630 \leqslant L < 1865$	$1000 \leqslant N < 1150$
四等	$3000 \leqslant R < 3500$	$1395 \leqslant L < 1630$	$850 \leqslant N < 1000$
五等	$2500 \leqslant R < 3000$	$1160 \leqslant L < 1395$	$700 \leqslant N < 850$
六等	$2000 \leqslant R < 2500$	$925 \leqslant L < 1160$	$550 \leqslant N < 700$
七等	$1500 \leqslant R < 2000$	$690 \leqslant L < 925$	$400 \leqslant N < 550$
八等	$1000 \leqslant R < 1500$	$455 \leqslant L < 690$	$250 \leqslant N < 400$
九等	$500 \leqslant R < 1000$	$220 \leqslant L < 455$	$100 \leqslant N < 250$
十等	$R < 500$	$L < 220$	$N < 100$

实验四
土地规划实施评价

一、实验目的

（1）了解土地规划实施评价的必要性和意义。

（2）掌握土地规划实施评价的方法。

二、实验准备

（1）安装好土地利用规划用到的 Excel、Word、ArcGIS 等软件。

（2）查找土地规划实施评价案例资料。

（3）准备 XX 县土地的相关资料。

三、实验内容

根据上一轮规划文本中的各项目标，以及评估时的土地利用现状，在对相关数据进行分析后得出评价结果。

四、实验方法

1. 多指标综合评估法

多指标综合评估法是一种基于多个指标对企业、项目、个体或系统等进行全面、系统评价的方法。该方法通过构建综合评价指标体系，对评价对象的多个属性进行量化分析，以全面反映其整体表现。

2. 层次分析法（AHP）

该方法采用层次化分析框架，将涉及决策问题的各元素细分为目标层、准则层及方案层等，进而结合定性与定量分析方法，系统地进行决策。

3. 地理信息系统（GIS）技术

利用地理信息系统的空间数据处理和分析功能，对土地利用数据进行空间叠加分析，建立土地利用评价的空间模型。这有助于评估土地规划的空间分布、形态和周边环境等因素对规划实施效果的影响。

五、实验过程

此部分要求结合讲义，写出规划评估中的目标评价、效益评价、影响评价三个方面的评估结果。

实验报告内容至少应该包括但不限于：区域概况、土地利用现状、规划编制情况、规划执行情况、实施效益评估、综合评估等内容。

其中，规划编制情况需要写出：规划数据采用情况、规划主要目标、规划主要调控指标。

规划执行情况需要写出：规划目标实现程度评估、建设用地规模执行情况、新增建设用地情况、土地利用结构变化评估等内容。

实施效益评估需要写出：实施该规划后对全县经济效益、社会效益、生态效益的作用。

综合评估需要写出：评价体系、确定权重、算出评价结果。

六、实验结果

1. 规划数据采用情况使用表 4-1

表 4-1 XX 县土地利用结构调整（模板）[2-4]

地类		规划基期年		规划近期目标年		规划目标年		规划期间面积增减（公顷）
		面积（公顷）	占比（%）	面积（公顷）	占比（%）	面积（公顷）	占比（%）	
土地总面积								
农用地	耕地							
	园地							
	林地							
	牧草地							
	其他农用地							
	合计							
建设用地	城镇建设用地							
	农村居民点用地							
	采矿用地							
	交通水利用地							
	其他建设用地							
	合计							
其他土地	水域							
	自然保留地							
	合计							

2. 规划主要调控指标使用表 4-2

表 4-2 XX 县土地利用主要调控指标（模板）[2,5]

单位：公顷

指标名称	规划基期年	规划近期目标年	规划目标年	类型
耕地保有量				
基本农田保护面积				
建设用地总规模				
城乡建设用地规模				
城镇用地规模				
采矿和其他独立建设用地规模				
用地规模				
交通水利用地规模				
新增建设用地规模				
新增建设占用农用地规模				
新增建设占用耕地规模				
土地整治补充耕地规模				
林地面积				
草地面积				

注：类型一般为约束性和预期性。

3. 建设用地规模执行情况使用表 4-3

表 4-3 XX 县建设用地变化情况（模板）

单位：公顷

地类			规划基期年	规划目标年	评估时点	评估时点-基期年	评估时点-规划目标年
建设用地	城乡建设用地	建制镇用地					
		农村居民点用地					

续表

地类		规划基期年	规划目标年	评估时点	评估时点－基期年	评估时点－规划目标年
	采矿用地及其他独立建设用地					
	小计					
交通水利用地						
其他建设用地						
合计						

4. 土地利用结构变化使用表 4-4

表 4-4　XX 县土地利用结构变化（模板）[2]

地类		基期年		评估时点		面积增减（公顷）
		面积（公顷）	比例（%）	面积（公顷）	比例（%）	
农用地	耕地					
	园地					
	林地					
	牧草地					
	其他农用地					
	合计					
建设用地	城乡建设用地 建制镇用地					
	农村居民点用地					
	采矿用地及其他独立建设用地					
	小计					

续表

地类		基期年		评估时点		面积增减（公顷）
		面积（公顷）	比例（%）	面积（公顷）	比例（%）	
建设用地	交通水利用地					
	其他建设用地					
	合计					
其他土地	水域					
	自然保留地					
	合计					

5. 土地规划实施经济效益评估使用表 4-5

表 4-5　XX 县国民经济主要指标对比情况（模板）

各项主要指标	基期年	评估时点	增幅
GDP（万元）			
人均 GDP（元）			
城镇居民人均可支配收入（元）			
农村居民人均纯收入（元）			

6. 规划评估的各项评估指标标准化计算方法见表 4-6

表 4-6　评价指标量化体系构建[2, 5-8]

评价目标	评价指标	指标评分机制
用地规模指标执行情况	耕地保有量目标实现程度	$\dfrac{\text{评估时点耕地面积}}{\text{规划 2020 年耕地面积}} \times 100$；当计算结果超过 100 时，分值设定为 100
	基本农田保护目标实现程度	①当评估时点基本农田保护面积达到或超过规划目标时，分值设定为 100； ②当评估时点基本农田保护面积未能达到规划目标时，分值设定为 0

评价目标	评价指标	指标评分机制
用地规模指标执行情况	城乡建设用地控制规模实现程度	①当评估时点规模未能达到阶段目标时，分值设定为100；
	新增建设占用耕地控制规模实现程度	②当评估时点规模介于阶段目标与2020年规划目标之间时，在60至100分范围内线性评分，计算公式为：$60+\dfrac{（2020年规划目标-评估时点规模）}{（2020年规划目标-阶段目标）}\times（100-60）$； ③当评估时点规模超出2020年规划目标时，在0至60分范围内线性评分，计算公式为：$60\times\dfrac{2020年规划目标}{评估时点现状规模}$
	补充耕地目标实现程度	$\dfrac{评估时点整理复垦开发补充耕地面积}{规划整理复垦开发补充耕地义务量}\times100$；当计算结果超过100时，分值设定为100
用地结构和布局情况	土地利用率[①]	①若评估时点规模介于规划基期规模与阶段目标之间[②]，分值设定为100；
	城镇工矿用地占城乡建设用地比例[③]	②当评估时点规模低于规划基期规模时，计算公式为：$\dfrac{评估时点规模}{规划基期规模}\times100$； ③当评估时点规模超过2020年规划目标时，计算公式为：$\dfrac{2020年规划目标}{评估时点规模}\times100$
	使用允许建设区情况	$\dfrac{规划实施期间实际新增城乡建设用地布局在允许建设区面积}{规划实施期间实际新增城乡建设用地总面积}\times100$
节约集约用地情况	人均城镇工矿用地规模目标实现程度	①当评估时点人均规模超过2020年规划目标时，计算公式为：$\dfrac{2020年规划目标}{现状规模}\times100$；
	人均农村居民点用地规模目标实现程度	②当评估时点人均规模未达到或仅与2020年规划目标持平时，分值设定为100
规划修改情况	规划修改情况	规划执行期内，若未发生规划调整，则得满分100；每发生一次规划调整，则从总分中扣除20分，直至总分扣完为止

续表

评价目标	评价指标	指标评分机制
规划修改情况	规划修改涉及建设用地面积情况	$\left(1 - \dfrac{规划修改涉及建设用地面积}{规划期内新增建设用地面积}\right) \times 100$

注：①土地利用率 $= \dfrac{农用地面积 + 建设用地面积}{土地总面积} \times 100\%$。指标分值计算公式中的规模指农用地面积与建设用地面积之和。

②阶段目标是指根据规划期间新增用地总量模拟的评估时点的规划目标，计算公式为：

$$阶段目标 = \dfrac{2010\ 年规划目标 + （2020\ 年规划目标 - 2010\ 年规划目标）}{10} \times （评估年份 - 2010）$$

③城镇工矿用地占城乡建设用地比例 $= \dfrac{城镇工矿用地面积}{城乡建设用地面积} \times 100\%$。指标分值计算公式中，所提及的"规模"指城镇工矿用地的总面积。

7. 评估指标标准化应分别计算以下指标

结合评估指标的标准化计算方法，依据规划实施期间各评估的数据计算各评估指标的量纲值。

（1）用地规模指标执行情况[6]：①新增建设占用耕地控制规模实现程度；②城乡建设用地控制规模实现程度；③耕地保有量目标实现程度。

（2）用地结构和布局变化[6]：①城镇工矿用地占城乡建设用地比例；②土地利用率。

（3）节约集约用地情况[2]：①人均农村居民点用地规模目标实现程度；②人均城镇工矿用地规模目标实现程度。

8. 各指标权重建议按以下比例（见表4-7）

表 4-7　定量评价指标权重[2, 6]

评价目标	目标权重	评价指标	指标权重
用地规模指标执行情况	0.35	耕地保有量目标实现程度	0.20
		基本农田保护目标实现程度	0.20
		城乡建设用地控制规模实现程度	0.20

续表

评价目标	目标权重	评价指标	指标权重
用地规模指标执行情况	0.35	新增建设占用耕地控制规模实现程度	0.20
		补充耕地目标实现程度	0.20
用地结构和布局情况	0.25	土地利用率	0.25
		城镇工矿用地占城乡建设用地比例	0.30
		使用允许建设区情况	0.45
节约集约用地情况	0.30	人均城镇工矿用地规模目标实现程度	0.70
		人均农村居民点用地规模目标实现程度	0.30
规划修改情况	0.10	规划修改情况	0.40
		规划修改涉及建设用地面积情况	0.60

注：权重可由老师重新设定。

9. 土地规划执行评估指标结果使用表 4-8

表 4-8　评价指标结果[6,9]

综合分值	评价目标	评价目标分值	评价指标	指标权重	评价指标标准分
	用地规模指标执行		耕地保有量目标实现程度	0.2	
			基本农田保护目标实现程度	0.2	
			城乡建设用地规模目标实现程度	0.2	
			新增建设占用耕地目标实现程度	0.2	
			补充耕地义务量目标实现程度	0.2	
	用地结构与布局变化		土地利用率	0.25	
			城镇工矿用地占城乡建设用地比例	0.3	
			使用允许建设区情况	0.45	
	节约集约用地情况		人均城镇工矿用地规模目标实现程度	0.7	
			人均农村居民点用地规模目标实现程度	0.3	

综合分值	评价目标	评价目标分值	评价指标	指标权重	评价指标标准分
	规划修改		规划调整频率	0.4	
			规划调整面积比例	0.6	

在综合考量各评估指标并赋予其相应权重后，XX 县土地利用总体规划的评分结果为 XX 分[6]。

10. 土地规划执行评估结果分析建议使用以下表格内容进行综合评定（见表 4-9）

表 4-9　土地规划实施评估标准[9-10]

等级	标准解释	评估结果
优秀	预期各项规划目标均可达成，综合执行成效显著，评分稳定在 85 分及以上，展现出显著的社会、经济与生态效益。同时，土地利用程度与效益稳步提升	执行正常
良好	各项指标达成度符合或接近预期标准，规划执行表现较出色，评分保持在 70 分及以上，实现了土地效益及利用率的提升	
一般	各项指标任务预期完成度一般，规划执行成效有限，评分在 60 分及以上，社会、经济、生态效益保持平稳，而土地利用效率与效益则稍有提升	
差	规划执行效果欠佳，指标任务的实现面临挑战，评分介于 50 分至 60 分之间，未表现出显著的社会、经济、生态效益以及土地利用成效	执行异常
较差	规划执行成效不佳，指标任务达成困难，对社会、经济、生态效益影响有限，土地利用与效益未见提升，评分处于 40 分至 50 分之间	
很差	指标任务完成度很差，规划执行成效很糟糕，社会、经济、生态效益以及土地利用成效未出现任何提升	

05

实验五
土地供给和需求预测

一、实验目的

（1）了解土地需求量预测的必要性和意义。

（2）掌握土地需求量预测方法。

（3）能够借助计算机计算方式熟练使用预测方法。

二、实验准备

（1）查询国家关于土地利用规划的相关文件要求。

（2）查找土地需求量预测案例资料。

（3）准备 XX 县土地的相关资料。

（4）安装好土地利用规划用到的 Excel、Word 等软件。

（5）已知相关数据[①]：

假设规划期末城镇化率为 60%，已知人均粮食占有量为 500 千克 / 公顷，粮食播种单产为 15000 千克 / 公顷，复种指数为 2.5，规划期末将粮食作物和经济作物以及菜地播种面积调整到 7：10：5。

---

① 此处的数据可由老师自行确定。

（6）参考标准规范:《城市用地分类与规划建设用地标准》（GB 50137—2011）、《镇规划标准》（GB 50188—2007）

三、实验内容

明确各类土地规划期的供给量。预测规划期末的人口数量、耕地需求量、建设用地需求量，并分析供需矛盾，提出解决方案。

四、实验方法

1. 趋势预测法

规划区域的地类面积的变化是在时间序列上展开的。随着时间推移，可以得到一系列依赖于时间的数据 $Y_t = f(t)$。以时间为参数数列称为时间序列。

2. 回归预测法

此法依据变量间的关联性，通过单一或多元已知变量的值，构建与目标预测变量间的数学关联模型（回归模型），旨在估算并预测目标变量的未来状态或走向，实现精准预测[8]。

五、实验过程

1. 土地需求预测

1）确定预测对象

明确需要预测的土地类型，如农用地（耕地、园地、林地、牧草地等）、建设用地（城镇建设用地、村镇建设用地、交通用地等）等。

2）分析影响因素

分析影响土地需求的各种因素，如人口增长、经济发展、城市化水平、政策导向等。

3）选择预测方法

根据预测对象的特点和影响因素，选择合适的预测方法。常用的预测方法包括趋势预测法、回归预测法、综合预测法等。

4）实施预测过程

利用收集到的数据，按照选定的预测方法进行计算和分析。对于定量预测，如趋势预测法和回归预测法，需要建立数学模型并应用电子计算机进行运算。对于定性预测，如专家评估法，需要组织专家进行讨论和评估。

5）分析预测结果

对预测结果进行分析和讨论，评估其合理性和可靠性。如果发现预测结果与实际情况存在较大偏差，需要调整预测方法或重新收集数据。

2. 土地供给预测

1）分析土地利用潜力

对规划区域的土地利用潜力进行分析，包括土地整理、复垦、开发的远景潜力等。

2）测算土地供给量

根据土地利用潜力和相关政策要求，测算各类土地的供给量。考虑土地的自然供给和经济供给因素，确保测算结果的准确性和合理性。

3. 土地供需平衡分析

1）比较供需状况

将土地供给量和需求量进行比较，分析供需平衡状况。如果出现供需失衡的情况，需要提出相应的调整措施和建议。

2）编制用地规划

根据供需平衡分析结果，编制合理的用地规划方案。明确各类用地的布局、规模和用途等，为规划区域的可持续发展提供有力保障。

六、实验结果

1. 人口预测

已知 XX 县 2014 年人口数为 15843 人，近十年人口自然增长率为 7‰，假设城镇化率为 50%。根据以下公式计算得知，规划年人口数约为 17714 人，规划期城镇人口为 8857 人，规划期农村人口为 8857 人。

$$P_t = P_{t_0} \left(1 + \alpha \right)^{t - t_0}$$

规划期城镇人口 = 规划年人口数 × 城镇化率

规划期农村人口 = 规划年人口数 × （1 - 城镇化率）

式中，P_t 为规划年人口数；P_{t_0} 为基期年人口数；α 为人口自然增长率；t 为规划年；t_0 为基期年。

2. 居民点用地需求量预测

1）城镇用地需求量预测

参考《城市用地分类与规划建设用地标准》（GB 50137—2011）的规范指南，现有城市和县城人均建设用地指标应符合下表 5-1 的规定，以确保规划的科学性与合理性。

表 5-1 规划人均城市建设用地面积指标（平方米）

气候区	现状人均城市建设用地面积指标	允许采用的规划人均城市建设用地面积指标	允许调整幅度		
			规划人口规模 ≤ 20.0 万人	规划人口规模 20.1 万 ~ 50.0 万人	规划人口规模 >50.0 万人
Ⅰ、Ⅱ、Ⅵ、Ⅶ	≤ 65.0	65.0 ~ 85.0	> 0	> 0	> 0
	65.1 ~ 75.0	65.0 ~ 95.0	+0.1 ~ +20.0	+0.1 ~ +20.0	+0.1 ~ +20.0
	75.1 ~ 85.0	75.0 ~ 105.0	+0.1 ~ +20.0	+0.1 ~ +20.0	+0.1 ~ +15.0
	85.1 ~ 95.0	80.0 ~ 110.0	+0.1 ~ +20.0	−5.0 ~ +20.0	−5.0 ~ +15.0
	95.1 ~ 105.0	90.0 ~ 110.0	−5.0 ~ +15.0	−10.0 ~ +15.0	−10.0 ~ +10.0
	105.1 ~ 115.0	95.0 ~ 115.0	−10.0 ~ −0.1	−15.0 ~ −0.1	−20.0 ~ −0.1
	> 115.0	≤ 115.0	< 0	< 0	< 0
Ⅲ、Ⅳ、Ⅴ	≤ 65.0	65.0 ~ 85.0	> 0	> 0	> 0
	65.1 ~ 75.0	65.0 ~ 95.0	+0.1 ~ +20.0	+0.1 ~ 20.0	+0.1 ~ +20.0
	75.1 ~ 85.0	75.0 ~ 100.0	−5.0 ~ +20.0	−5.0 ~ +20.0	−5.0 ~ +15.0
	85.1 ~ 95.0	80.0 ~ 105.0	−10.0 ~ +15.0	−10.0 ~ +15.0	−10.0 ~ +10.0
	95.1 ~ 105.0	85.0 ~ 105.0	−15.0 ~ +10.0	−15.0 ~ +10.0	−15.0 ~ +5.0
	105.1 ~ 115.0	90.0 ~ 110.0	−20.0 ~ −0.1	−20.0 ~ −0.1	−25.0 ~ −5.0
	> 115.0	≤ 110.0	< 0	< 0	< 0

注：（1）气候区应符合《建筑气候区划标准（GB 50178—93）》的规定，具体应按本标准附录 B 图 B 执行。

（2）新建城市（镇）、首都的规划人均城市建设用地面积指标不适用本条文。

新建城市（镇）的规划人均城市建设用地面积指标应在（85.1 ~ 105.0）平方米内确定。

首都的规划人均城市建设用地面积指标应在（105.1 ~ 115.0）平方米内确定。

边远地区、少数民族地区城市（镇），以及部分山地城市（镇）、人口较少的工矿业城市（镇）、风景旅游城市（镇）等，不符合上表规定时，应专门论证确定规划人均城市建设用地面积指标，且上限不得大于 150.0 平方米。

已知城镇居民点现状建设用地为 1028400 平方米，现状城镇人口总数为 7288 人，城镇化率为 46%，根据以下公式计算，得到城镇居民点现状人均建设用地约为 141.1 平方米。

$$城镇居民点现状人均建设用地 = \frac{城镇居民点现状建设用地}{规划期城镇人口}$$

$$人均耕地面积 = \frac{耕地面积}{人口数}$$

$$城镇居民点规划建设用地 = \frac{城镇居民点规划人均建设用地 \times 规划期城镇人口}{10000}$$

已知耕地面积为 14896900 平方米，人口数为 15843 人，根据上述公式计算得知，人均耕地面积约为 940.28 平方米，即为 1.41 亩 > 1 亩。所以，设定规划年城镇居民点人均建设用地达到 120 平方米。已知规划期城镇人口总数为 8857 人。据此，根据上述公式计算得知，预计农村居民点规划建设用地约为 106.3 公顷。

2）村镇用地需求量预测

在预测土地需求时，村镇与城镇虽属不同区域范畴，但二者所采用的预测方法原理相通。参考《镇规划标准》（GB 50188—2007）的规范指南，镇区和村庄的人均建设用地指标需符合下表 5-2~ 表 5-4，以确保规划的科学性与合理性。

表 5-2　规划规模分级（人）

规划人口规模分级	镇区	村庄
特大型	> 50000	> 1000
大型	30001 ~ 50000	601 ~ 1000
中型	10001 ~ 30000	201 ~ 600
小型	≤ 10000	≤ 200

表5-3　人均建设用地指标分级

级别	一	二	三	四
人均建设用地指标（平方米）	> 60 ~ ≤ 80	> 80 ~ ≤ 100	> 100 ~ ≤ 120	> 120 ~ ≤ 140

表5-4　规划人均建设用地指标

现状人均建设用地指标（平方米）	规划调整幅度（平方米）
≤ 60	增 0 ~ 15
> 60 ~ ≤ 80	增 0 ~ 10
> 80 ~ ≤ 100	增、减 0 ~ 10
> 100 ~ ≤ 120	减 0 ~ 10
> 120 ~ ≤ 140	减 0 ~ 15
> 140	减至 140 以内

3）新增耕地需求量

已知人均粮食占有量为 500 千克 / 公顷，粮食播种单产为 15000 千克 / 公顷，复种指数为 2.5，规划年将粮食作物和经济作物以及菜地播种面积调整到 7∶10∶5。再根据以下公式计算，得到粮食用地需求量为 2361867 平方米（或 236.19 公顷）。

$$粮食用地需求量 = \frac{总人口 \times 人均粮食占有量}{粮食播种单产 \times 复种指数}$$

进一步，经济作物用地需求量约为 3374096 平方米（或 337.41 公顷）；菜地用地需求量约为 1687048 平方米（或 168.70 公顷）。三者总和构成规划年耕地总需求量，即为 7423011 平方米（或 742.30 公顷）。

最后，对比原有耕地 1489.69 公顷，新增耕地需求量则为规划年耕地与原有耕地的差值，即 -747.39 公顷。

06

实验六
交通流量

一、实验目的

从身边的交通发展情况入手，了解学校所在地附近交通干线的车流量、人流量状况，有利于学生正确评价城市交通状况，也可提高其进行实地调查和分析问题的能力。

二、实验准备

包括计时器（手表、秒表）、交通图、小旗、卷尺等，还要准备记录用的图表、记录本、文具盒、小刀、铅笔、垫板、纸张等；市内交通干线流量统计和调查表。

三、实验内容

本次调查以 XX 大道二段与 XX 大道五段为调查对象。调查的日期也应有代表性，既要有平常日期，也要有节假日；还要依据城市的性质、大小和位置，确定观

67

测的时间，一般分连续调查和高峰调查两种情况，我们只进行交通高峰时段的流量调查。

基于交通方式的不同，可细分成机动车、非机动车和行人流量调查这三大类别进行交通流量调研[11]。流量调查一般以 15 分钟为 1 个统计时段，以 1 小时为 1 个累计时段。值得注意的是，由于受到天气、季节等因素影响，本次调查选择的观察日带有一定的随机性，仅作为参考用（见表 6-1）。

表 6-1　当天天气情况调查

日期	
天气状况 （晴/阴/雨等）	
温度	
风向、风力	
湿度	

四、实验方法

1. 手动计数法

手动计数法是最传统、最简单的交通流量调查方法。通过在道路的某个特定位置设置一个观察站点，调查员使用车辆计数器或仅凭肉眼观察来记录车辆的通过数量。

2. 视频监控法

视频监控法通过安装摄像头或使用现有的交通监控系统，对道路上的交通情况进行实时录像。调查员可以在后期通过回放录像进行车辆计数和分析。

3. 移动计数器法

移动计数器法结合了 GPS 技术和车辆计数器，通过在车辆上安装 GPS 设备和计数器，记录车辆所行驶的路径以及通过的道路。

五、实验过程

1. 调查统计车种的划分

参考公安部门关于车辆类型的划分标准，具体可分为：微型客货车、小型客货车、中型客货车、大型客货车及重型客货车等[12]。关于非机动车（特别是自行车）转换为小客车当量的计算，由于缺乏统一的行业或官方标准，一个常用的近似方法是，将大约 10 辆自行车视为等同于 1 辆小客车的交通影响量（见表 6-2）。这种方法在评估交通流量、道路规划或交通管理中常被用作参考依据。

表 6-2　小客车当量折算

车种	自然车数	小客车当量数
微型客货车	1	1
小型客货车	1	1
中型客货车	1	1.5
大型客货车	1	2
重型拖挂车	1	3.5
摩托车	1	0.5

2. 统计流量的划分

由于不同流向的车辆在接近路口时面临的通行阻力各异，为了统一评估与计算，常需将这些复杂的交通流简化为直行交通流进行考量。因此，在每个路口的进口处，会针对不同的行驶方向（如左转、直行、右转）及车辆类型进行分别统计。左转与直行车辆的通行时间折算比例通常设为 1.8∶1，表示左转耗时约为直行 1.8 倍。右转车若无信号灯控制，可根据直行车当量估算；但若受到控制，则换算比调至与左转车相近的水平，以便更精准地量化其对整体交通流动性的影响[11]。

六、实验结果

1. 路口交通流向与流量调研

依据上述标准，实施流量调研时需细化至车辆类型与行驶方向，以确定适宜的调研人员配置。针对典型十字路口，单方向进口道配置应涵盖：机动车流量调研（分左、右、直行三向，各指派1名调研员）、非机动车调研（3名）及行人流量调研（1人负责监测1条人行横道的双向通行情况），总计7人，分为4组[11]。整个路口则需配置28人，并建议额外增派2～3人作为替补。每个小组设1名负责人，负责掌握调查起止时间及其他工作。

2. 调查和记录

各组学生按调查要求，带好所需用品到达调查地点，调查开始后须认真做好记录，并填写表6-3～表6-5。

表6-3 机动车通过量调查（模板）

车种（个）	时间（分）				
	0～15	16～30	31～45	46～60	合计
小客车					
小货车					
大客车					
大客铰接					
摩托车					
大货车					
大货铰接					
农用车					
合计（个）					

表6-4 非机动车通过量调查（模板）

时间（分）	非机动车（辆）		合计（辆）
	自行车	三轮车	
0～15			
16～30			
31～45			
46～60			
合计（辆）			

表6-5 行人流量调查（模板）

时间（分）	行人（人）
0～15	
16～30	
31～45	
46～60	
合计（人）	

07

实验七
县级土地利用分区

一、实验目的

理解并掌握县级土地利用分区的原则、方法和步骤以及成果。

二、实验准备

（1）查询国家关于土地利用规划的相关文件要求。

（2）查找土地利用分区案例资料。

（3）准备 XX 县土地的相关资料。

（4）安装好土地利用规划用到的 Excel、Word、ArcGIS 等软件。

三、实验内容

土地利用规划本质上是空间规划，它的核心是各类用途土地的空间分布。土地利用分区，又可称为土地利用控制分区，是依据土地自然适宜性特征，融合国民经济发展、社会进步及未来土地利用结构优化的需求，所划分的特定用途区域[13]。在图纸上，依据不同用途明确界定各类土地功能区域，这些分区包括但不限于：①重点建设项目用地，旨在保障国家重大战略项目的实施；②城乡居民点，确保居民生活空间的合理布局；③基本农田保护区，坚守耕地红线，维护国家粮食安全；④经济技术开发区，促进产业升级与经济发展。进一步细分，可划分为农业用地区（细化为耕地、园业、林业及牧业等）、建设用地区（细化为城镇规划区、村镇规划区、独立工矿用地区、开发区及工业小区等）和未利用地区等[14]。

　　完成分区划分后，对各类用地面积进行统计汇总。展现规划区域内土地利用的结构特征，还为后续的土地利用指标区域分解提供了坚实基础。通过宏观控制与微观规划的有机结合，能够在确保总体规划目标实现的同时，兼顾区域发展的特殊性与差异性，推动土地利用的可持续性与高效性。

四、实验方法

1. 综合法

　　也被称作经验归纳法，是一种侧重于定性分析的分区方法，特别适用于那些土地利用模式在地域上展现出显著差异性，并且分区界限清晰、易于界定的情况。该方法的有效实施高度依赖于操作者的实践经验与对当地具体环境、社会经济条件深入细致的了解，要求他们必须对研究区域的实际状况有全面而深入的把握。

2. 因素法

　　因素法是一种系统性的分析方法，它基于乡镇的土地利用划分，通过合理的归并与整合，逐步扩大土地利用类型区的范围。这一过程旨在将具有相似特征或功能的地域相连的类型区进一步合并，形成更为宏观的土地利用用地区域。每个最终形成的用地区域，其命名依据是该区域内占据主导地位的土地用途，从而清晰地反映出该区域的主要土地利用特性和功能定位。

3. 叠置法

　　也称套图法，是一种在规划及区划图资料完备条件下广泛应用的方法。该方法的核心步骤是将同比例尺的图件进行精确叠加，重点在于将各图上的规划边界线相互重合，从而明确界定出共有的区域界限。针对非重叠区域，需进行详尽的未来土地利用趋势分析，特别是对其主导用途的预判，并依据此分析结果进行合理的选择与排除，以确保规划布局的科学性和合理性[15]。

4. 聚类法

作为一种定量化的分区手段，其核心在于应用"物以类聚"的哲学思想，即相似性质的元素自然归为一类。此方法通过对土地利用相关的多项指标进行详尽的多元统计分析，旨在将这些指标按照其内在关联性进行分类与聚合。

五、实验过程

1. 准备工作

收集并整理编制规划所需的基础资料，包括：①相关法律法规、行政规程、技术指南以及土地适宜性评价等；②土地需求量预测、各产业用地计划及初步拟定的土地利用调整指标等资料；③城乡规划、各种保护区规划以及其他专项用地规划资料[14]。

2. 拟定分区技术指标

技术性分区标准需详尽体现各类土地使用区域对土地规模、质量以及区位条件（含地理、交通和信息等条件）等因素的具体需求。

土地规模要求是对土地面积、集中程度的要求。用地区的类型不同，对土地数量要求也不同。一般来说，农业用地（包括耕地、园地、林地、牧草地）划分用地区要求的土地面积较大，土地集中连片程度较高，而建设用地要求的土地面积较小，土地集中连片程度较低。一个用地区的最小面积要求多大、用地区内主导用途的土地比重要求多高，是根据当地实际和实施管理的可能性及便利与否来确定的。

土地质量要求是对土地适宜性、限制性的要求。农业用地对地形、温度、水分、土壤等有严格的要求。建设用地则对土地地基承载力、地下水理深、洪水危害、坡度等有一定的要求，划分用地区时必须考虑这些要求。

土地区位条件要求是对土地与居民点、交通线距离等的要求。建设用地对土地区位条件有较高的要求，在拟定分区指标时要予以考虑。

3. 分区划线

在划定各用地区域界线时，利用图纸叠加融合分区指标的手段。首要步骤是基于详尽的土地利用现状图构建基础底图，确保所有规划活动都能准确反映当前土地的实际利用状况。随后，将土地适宜性评价图、地形图、城镇规划图、村镇规划图，以及各类保护区规划或专项用地规划图等关键图层逐一叠加在现状图之上[16]。

通过仔细比对各图层之间的重叠与差异情况，初步划定出部分用地区域的界线，这些界线主要基于土地的自然属性、适宜用途以及现有规划的限制条件。接下来，为进一步细化分区，运用分区技术指标作为指导，综合考虑土地质量、开发潜力、环境保护要求及社会经济效益等多方面因素，科学合理地划定剩余用地的具体界线。这一过程确保了各用地区域的划分既符合自然规律，又满足社会经济发展的需求。

分区划线需严格遵循：对于已获批准的城镇、村镇、工矿区及各类保护区的规划，且其用地界线已清晰界定，若经用地论证确认其合理性，则直接依据批准界线进行划分[17]；如果用地论证认为不合理，要同有关规划的编制部门进行协商，经协商修改并报规划部门批准后按修正界线划分；即便已获得批准，若用地边界界定模糊不清，仍要继续商讨，最后基于协商过程中所达成的共同认可的边界线来清晰界定并明确划分出相应的范围。

通过主导因子的手段，依托分区指标进行区域界线的划定。主导因子是以土地方向起主导作用的因素（土地利用类型），对具体分区对象来说，如果某一主导因子超过某类用地区的临界值或标准值，即可以将其划入该类用地区。例如，若把耕地面积占土地总面积的比重达到 80% 作为划分农业用地区的临界值，则当分区对象的耕地面积比重为 80% 以上时就可以将其划为农业用地区。

分区对象的主导因子如不明显，则在综合分析后划分用地区。

鉴于土地资源的多宜性和多功能性特点，在其规划利用中，首要遵循的是优先保障农用地的基本原则[17]。具体而言，应优先将质量最优、土壤肥沃、适宜农作物生长的土地划入农业用地区，以确保国家粮食安全和农业生产的可持续发展。随后，在保障农业用地需求的前提下，考虑将次优土地划定为林业用地区，以支持森林资源的培育与保护，促进生态平衡。紧接着，是牧业用地区的划定，选取适宜放牧且不影响生态环境的地段，以保障畜牧业的健康发展。对于各类建设用地的规划，倡导集约节约用地理念，尽可能选择质量相对较差，但能满足建设项目基本要求的土地，如荒地、废弃地或经过适宜性改造的边际土地。这样做既减少了对优质耕地的占用，又促进了土地的合理利用与保护，实现了经济发展与环境保护的双赢。

特殊用地可根据实际情况进行单一区域划分，抑或是引入"复合用地"的概念。复区，即复合用地区，以重叠或复合形式出现，例如，自然保护区可以与林业用地区重叠，划为复区。

用地区是按土地基本用途划分的，区内允许少量非基本用途的用地存在。

分区划线要便于管理。例如，不要把一个完整地块分割划入两个用地区，分区要尽可能利用明显线状地物等。

4. 整理分区成果

土地利用区初定后，基于土地详查资料统计各用地区的面积，另对复区单独核算。各区统计面积要同初步拟定的用地指标结果进行对照检查，如二者不相协调，应分析原因，并据实际情况灵活调整区域界线或指标，以优化分区布局。之后，明确各区土地利用准则、限制条件及管理措施。

六、实验结果

1. 土地利用地域分区图

地域分区的划定应严格依据综合分析与主导因素相协调的核心理念，同时兼顾土地质量的差异性、适宜利用性以及行政区划边界的完整性[18]。此划分过程构建于综合自然区划、农业区划、土地适宜性评估、土地自然生产力与经济分区等多角度、深层次的分析之上，通过深入探索各区域的特点与潜力，突出主导因素的共通之处，将条件相似的地域单元科学、合理地归入同一分区[15]。

为实现精准分区，采用指标对比法与逐步逼近法并行的策略，既注重定性分析的逻辑性与合理性，又强调定量数据的精确性与科学性[15]。通过定性与定量方法的有机融合，能够更全面地把握地域分区的内在规律与外在表现，确保分区结果既符合实际情况，又具备前瞻性与可操作性，为后续的规划与管理提供坚实的基础[18]。

2. 土地利用用地分区图

规划过程中，依据土地的主要用途在图纸上明确界定出不同的土地利用区域，主要包括重点项目建设区、城乡居民点、基本农田保护区以及经济技术开发区等。进一步细分，可以划分为农业用地区、建设用地区及未利用地区。随后，统计并汇总各分区内的各类用地面积，以深入剖析规划区域的土地利用结构与指标，实现区域性的精细分析[15]。这种方法融合了宏观控制与微观规划的策略，确保总体规划蓝图得以精准落地实施。

参考文献

［1］王万茂. 土地利用规划学［M］. 北京：科学出版社，2020.

［2］云南省国土资源厅. 云南省土地利用总体规划评估技术要求［S/OL］.（2016-05）
　　［2024-09］. https://dnr.yn.gov.cn/uploadfile/dnr_old/uploadfile/Document/2016050610504
　　9669.pdf.

［3］成都市青白江区人民政府. 成都市青白江区土地利用总体规划（2006—2020年）［S/
　　OL］.（2010-12）［2024-09］. https://mpnr.chengdu.gov.cn/ghhzrzyj/gtkjgh/2010-10/28/
　　5a767748672d4809961d34c72dcde708/files/5dcc44c91623461680069554358a4ba8e.pdf.

［4］开县人民政府. 开县土地利用总体规划（2006—2020年）［S/OL］.（2010-05）［2024-
　　09］. https://www.cqkz.gov.cn/zwgk_238/fdzdgknr/ghjh/qygh/202404/t20240407_13107487_wap.
　　html.

［5］王秀圆. 重庆市三个区县土地利用总体规划实施评价对比分析［D］. 重庆：西南大学，
　　2015.

［6］黎艳芬，邢加靖，陈荣. 土地利用总体规划评估的探讨——以呈贡区斗南街道办事处
　　为例［C］//云南省测绘地理信息局，云南省测绘地理信息学会. 云南省测绘地理信息
　　学会2016年学术年会论文集. 昆明市国土资源信息中心，2016：8.

［7］刘东. 阜康市现行土地利用总体规划实施评价研究［D］. 乌鲁木齐：新疆农业大学，
　　2014.

［8］郑浩，关国锋，李宏，等. 省级土地利用总体规划实施监测评估研究——以县级分区

为评价单元［J］. 中国国土资源经济，2016，29（10）：52–59.

［9］孙莹. 县级土地利用总体规划实施评估研究［D］. 西安：长安大学，2017.

［10］王琦滨，赵俊三，张万强，等. 土地利用总体规划实施评价研究——以景洪市勐罕镇
为例［J］. 安徽农业科学，2013，41（27）：11181–11183.

［11］赵志刚. 区域农业资源评价与农业景观单元设计［D］. 长沙：湖南农业大学，2012.

［12］赵静. 基于事件检测算法的交通数据分析系统研究［D］. 北京：北方工业大学，
2009.

［13］王艺瑾. 沈阳市建设用地节约和集约利用研究［D］. 沈阳：沈阳建筑大学，2013.

［14］杨合庆. 中华人民共和国土地管理法释义：第二十条［M］. 北京：法律，2020.

［15］杜少永. 统筹区域土地利用研究［D］. 上海：同济大学，2008.

［16］临澧县二乡人民政府. 临澧县二乡土地利用总体规划［S/OL］.（2010–01）［2024–
09］. https://wenku.baidu.com/view/bb9937cbecfdc8d376eeaeaad1f34693dbef10eb.

［17］孙娟娟. 县级土地利用分区研究［D］. 合肥：安徽农业大学，2011.

［18］张万强. 城乡土地利用结构与布局优化研究［D］. 昆明：昆明理工大学，2010.